Alexander Strauch

**Bemerkungen über die Gekoniden-Sammlung im Zoologischen**

der kaiserlichen Akademie der Wissenschaften zu St. Petersburg

Alexander Strauch

**Bemerkungen über die Gekoniden-Sammlung im Zoologischen**
*der kaiserlichen Akademie der Wissenschaften zu St. Petersburg*

ISBN/EAN: 9783743642775

Hergestellt in Europa, USA, Kanada, Australien, Japan

Cover: Foto ©ninafisch / pixelio.de

Weitere Bücher finden Sie auf **www.hansebooks.com**

# MÉMOIRES
### DE
## L'ACADÉMIE IMPÉRIALE DES SCIENCES DE ST.-PÉTERSBOURG, VIIᴱ SÉRIE.
### TOME XXXV, N° 2.

## BEMERKUNGEN

#### ÜBER DIE

# GECKONIDEN-SAMMLUNG

### IM ZOOLOGISCHEN MUSEUM

### DER KAISERLICHEN AKADEMIE DER WISSENSCHAFTEN ZU ST. PETERSBURG.

VON

**Dr. Alexander Strauch.**

Mit 1 lithographischen Tafel.

(*Lu le 27 mai 1886.*)

St.-PÉTERSBOURG, 1887.

Commissionnaires de l'Académie Impériale des sciences:

| St.-Pétersbourg: | Riga: | Leipzig: |
|---|---|---|
| M. Eggers et Cⁱᵉ et J. Glasounof; | M. N. Kymmel; | Voss' Sortiment (G. Haessel). |

Mars 1887. Imprimé par ordre de l'Académie Impériale des sciences.
C. Vessélofsky, Secrétaire perpétuel

Imprimerie de l'Académie Impériale des sciences
Vass.-Ostr., 9 ligne, № 12.

Das Erscheinen der von Herrn G. A. Boulenger bearbeiteten neuen Auflage des Catalogue of Lizards in the British Museum ist ohne Zweifel von allen Herpetologen mit Freuden begrüsst worden und gewiss mit Recht, denn durch diese Arbeit hat die systematische Herpetologie einen bedeutenden Schritt vorwärts gemacht. Herr Boulenger, der sich in wenigen Jahren durch seine capitalen Arbeiten den Ruf eines der ersten Herpetologen der Gegenwart erworben hat, ist in der beneidenswerthen Lage, nicht bloss die reichste, sondern auch die wissenschaftlich bedeutendste Reptilien- und Amphibien-Sammlung zu seiner Disposition zu haben, daher eher als irgend ein Anderer im Stande, die zahlreichen Gattungen und Arten, welche besonders J. E. Gray im Laufe seines langen Lebens nach Exemplaren eben dieser Sammlung aufgestellt und meist sehr kurz, oft sogar ungenügend charakterisirt hat, auf ihren Werth zu prüfen, und mit welcher Sachkenntniss und Gewissenhaftigkeit er diese Arbeit ausgeführt hat, davon legen die beiden zur Zeit erschienenen Bände des Catalogs ein beredtes Zeugniss ab. Die Beschreibungen Boulenger's sind zwar kurz, aber ganz vorzüglich abgefasst, die Literatur ist, so weit sie bei seinem Zwecke in Betracht kam, in mehr als ausreichender Weise berücksichtigt; die Zahl der Arten und besonders der Gattungen ist auf das gehörige Maass reducirt, kurz die Arbeit ist in jeder Hinsicht musterhaft und man kann dem British Museum nur Glück dazu wünschen, dass es für seine reichen Schätze einen so kenntnissreichen und unermüdlichen Bearbeiter gefunden hat. Wenn es, wie nicht zu bezweifeln ist, Herrn Boulenger gelingt, den noch ausstehenden letzten Band in ähnlicher Weise zu bearbeiten, wie die beiden bereits vorliegenden, so wird sein Catalog ohne Widerrede den Beginn einer neuen Epoche in der systematischen Saurologie bezeichnen. Denn jetzt schon, wo erst zwei Bände vorliegen, welche die 15 ersten Familien enthalten, ist Jedem die Möglichkeit geboten, das ihm zur Disposition stehende Material aus diesen Familien genau zu bestimmen, die etwa vorhandenen neuen Arten, deren sich sicherlich in jeder grösseren Sammlung eine Anzahl finden wird, zu erkennen, resp. zu beschreiben und so das Seinige zum Weiterausbau des Systems beizutragen. Aber eine ungleich wichtigere Bedeutung erlangt der Catalog noch dadurch, dass er eine sichere Grundlage für zoogeographische Untersuchungen abgiebt, welche letzteren bekanntlich nur dann wirklichen Werth haben, wenn sie auf ein in systematischer Beziehung genau und kritisch gesichtetes Material begründet sind.

Wie es jedoch auf Erden überhaupt nichts Vollkommenes giebt, so hat auch der Boulenger'sche Catalog seine Mängel und Fehler, die aber freilich im Vergleiche zu der ganzen Arbeit nur geringfügig sind und auch leicht beseitigt werden könnten. Während in demselben nämlich die Gattungen und Arten ganz vorzüglich charakterisirt sind, ist die Charakteristik der Familien durchaus ungenügend, da sie fast ausschliesslich auf osteologische Merkmale basirt und folglich für die Determination absolut unbrauchbar ist. Da der Hauptzweck des ganzen Werkes, wie Dr. Günther in einer dem ersten Bande vorausgeschickten Notiz ausdrücklich hervorhebt, mit darin besteht, die Bestimmung der in demselben behandelten Arten zu ermöglichen oder zu erleichtern, so hätten bei der Charakteristik der Familien, gleich in der Uebersicht über dieselben im ersten Bande, solche Merkmale angegeben werden müssen, die nicht bloss an skeletirten, sondern auch an intacten Exemplaren sichtbar sind. Statt dessen begnügt sich Herr Boulenger, abgesehen von der Zunge, ausschliesslich mit osteologischen Merkmalen und obendrauf noch fast nur mit solchen, deren Untersuchung zum mindesten eine theilweise Blosslegung des Schädels erfordert und nicht etwa durch einen einfachen, das Object wenig oder gar nicht beschädigenden Hautschnitt bewerkstelligt werden kann. Wie soll denn unter solchen Umständen Jemand, der nicht Herpetolog von Fach ist, eine Eidechse bestimmen? Zunächst muss er doch wissen, zu welcher der vielen Familien sie gehört, und das kann er bei der von Herrn Boulenger gegebenen Eintheilung nur dann erfahren, wenn er das Object selbst der Untersuchung opfert, oder doch wenigstens in sehr eingreifender Weise beschädigt; dazu wird sich aber nicht Jeder leicht entschliessen, zumal wenn es sich um eine seltene Art oder gar um ein Unicum handelt. Mir scheint es daher ein arger Missgriff von Seiten Boulenger's, dass er bei Charakteristik der Familien nur osteologische Merkmale benutzt, alle übrigen aber, mit alleiniger Ausnahme der Zunge, geradezu geflissentlich vermieden hat, und es wäre daher nicht bloss wünschenswerth, sondern, wenn der Catalog seinem Zwecke vollkommen entsprechen soll, geradezu unerlässlich, dass am Schlusse der Arbeit eine neue Uebersicht über die Familien gegeben würde, in welcher neben den osteologischen, auch die andern, äusserlich wahrnehmbaren Merkmale berücksichtigt wären.

Osteologische Merkmale haben sicherlich ihren unbestreitbaren Werth, dürften meiner Meinung nach in der Systematik aber nur dann in den Vordergrund gestellt werden, wenn sie mit anderen, äusserlich sichtbaren, wenn auch scheinbar ganz unwesentlichen Organisationseigenthümlichkeiten Hand in Hand gehen, also gewissermassen das bestätigende Moment für diese letzteren bilden, und dass ein solcher Connex in vielen, ja wahrscheinlich in den meisten Fällen besteht, geht schon aus dem Umstande hervor, dass ein grosser Theil der von Boulenger fast ausschliesslich auf osteologische Merkmale basirten Familien genau mit den Familien zusammenfällt, welche auch früher, wo der Knochenbau nur in zweiter Linie in Betracht gezogen wurde, nach anderen Merkmalen unterschieden worden sind. Wo hingegen ein solcher Zusammenhang zwischen dem Knochenbau und den übrigen Organisationsverhältnissen nicht besteht, oder wenigstens noch nicht nachgewiesen ist, haben die verborgenen osteologischen Charaktere für die Systematik nur eine untergeordnete Bedeutung, verdienen zum mindesten in keiner Weise den Vorzug vor den äusserlich sichtbaren Merkmalen, die man z. B. dem Bau der Zunge, der Form und Befestigungsweise der Zähne und namentlich der Beschaffenheit des Hautskelets entlehnt hat. Ausserdem kann ich aber auch nicht umhin, zu bemerken, dass mir gegenwärtig der Zeitpunkt noch keineswegs gekommen zu sein scheint, wo man das System der Eidechsen ausschliesslich, oder doch vorzugsweise auf osteologische Merkmale begründen könnte, denn dazu ist noch ein viel zu geringer Theil dieser Thierformen auf den Knochenbau untersucht und man ist demzufolge beständig auf Analogismen angewiesen und in die Nothwendigkeit versetzt, Verhältnisse zu supponiren, deren factisches Bestehen noch mehr als zweifelhaft ist. Ein solches Verfahren widerspricht aber ganz entschieden dem Geiste der Systematik, denn bisher sind wir gewohnt gewesen, jedes Merkmal, das wir zur Unterscheidung irgend einer Gruppe benutzen wollten, erst an allen, oder doch möglichst vielen Formen auf seinen Werth und seine Beständigkeit zu prüfen, was bei osteologischen Merkmalen schon desshalb nicht angeht, weil zur Zeit kaum ein Zehntel aller bekannten Eidechsen-Arten auf das Skelet untersucht ist.

Aber auch ganz abgesehen von diesen, so zu sagen, practischen Gesichtspunkten, glaube ich kaum, dass das von Boulenger proponirte System allgemeinen Anklang finden wird, denn dazu ist es viel zu künstlich, trägt den im Allgemeinhabitus ausgesprochenen Verwandtschaften der Saurier so gut wie gar keine Rechnung und leidet an dem grossen Fehler, dass die einander coordinirten Gruppen in systematischer Beziehung keineswegs gleichwerthig sind. Herr Boulenger theilt die Ordnung der Saurier, die er im Sinne Günther's (d. h. mit Ausschluss der Gattung *Hatteria*) auffasst, nach dem Bau der Zunge und einigen dem Schädel entnommenen osteologischen Merkmalen zunächst in 2 Unterordnungen, *Lacertilia vera* mit flacher und *Rhiptoglossa* mit wurmförmiger, also drehrunder Zunge, von denen die 2te Unterordnung aber nur eine einzige Familie, *Chamaeleontidae*, enthält. Die Unterordnung *Lacertilia vera* wird alsdann, wiederum nach der Beschaffenheit der Zunge und der Form des Schlüsselbeins in 3 nicht mit besonderen Namen belegte Gruppen eingetheilt, nämlich 1) in solche, deren Zunge glatt oder mit zottigen Papillen bekleidet und deren Schlüsselbein am proximalen Ende öhsenförmig (loopshaped) erweitert ist, 2) in solche, deren Zunge glatt oder mit zottigen Papillen bekleidet, deren Schlüsselbein am proximalen Ende aber nicht erweitert ist, und endlich 3) in solche, deren Zunge mit imbricaten, schuppenförmigen Papillen bekleidet ist, oder schräge Falten zeigt und deren Schlüsselbein am proximalen Ende erweitert, meist öhsenförmig erscheint. Zu der 1ten dieser Gruppen rechnet er nur 2 Familien, *Geckonidae* und *Eublepharidae*, die 2te Gruppe umfasst 10 Familien, nämlich *Uroplatidae*, *Pygopodidae*, *Agamidae*, *Iguanidae*, *Xenosauridae*, *Zonuridae*, *Anguidae*, *Aniellidae*, *Helodermatidae* und *Varanidae*, und die 3te Gruppe endlich zerfällt in folgende 8 Familien *Xantusiidae*, *Tejidae*, *Amphisbaenidae*, *Lacertidae*, *Gerrhosauridae*, *Scincidae*, *Anelytropidae* und *Dibamidae*.

Zunächst muss ich bemerken, dass sich die 3 namenlosen Gruppen, in welche Boulenger seine Unterordnung *Lacertilia vera* eintheilt, genau genommen, nur auf 2 reduciren, da nur die Beschaffenheit der Zungenbekleidung wirklich ein durchgreifendes Merkmal abgiebt, die Form des Schlüsselbeines dagegen in systematischer Beziehung schon desshalb nur einen ganz untergeordneten Werth haben kann, weil dieses Organ mitsammt dem ganzen Schultergerüst bekanntlich allen denjenigen Eidechsen entweder ganz, oder doch so gut wie ganz fehlt, die, wie z. B. die *Pygopodidae, Aniellidae, Anelytropidae* und *Dibamidae*, keine Vorderextremitäten besitzen. Aber auch das der Zungenbekleidung entlehnte Unterscheidungsmerkmal ist in so fern nicht ganz durchgreifend, als sowohl bei den *Xenosauriden*, als auch bei den *Anguiden* nur die Basis der Zunge mit Zotten bekleidet ist, die Spitze dagegen genau ebensolche imbricate schuppenförmige Papillen zeigt, wie sie bei den Formen der dritten Gruppe Regel sind. Ferner ist es mir nicht gelungen, zu eruiren, welchem Princip Herr Boulenger bei Bestimmung der Reihenfolge für die einzelnen Familien seiner Unterordnung *Lacertilia vera* gefolgt ist, und was ihn z. B. bewogen hat, die Familie *Pygopodidae*, deren Repräsentanten bekanntlich keine Vorderextremitäten und folglich auch kein Schlüsselbein besitzen, gerade zu der Gruppe mit einfacher, am proximalen Ende nicht erweiterter Clavicula zu rechnen und zwischen die Familien *Uroplatidae* und *Agamidae* zu stellen, zu denen sie doch auch nicht die geringste Verwandtschaft zeigt. Ebenso ist auch die Stellung der Familie *Aniellidae* zwischen den *Anguiden* und *Helodermatiden* kaum zu rechtfertigen, denn wenn die *Aniellidae* auch durch den Habitus und die Beschuppung mit einzelnen Formen der *Anguiden* übereinstimmen, so bieten sie doch genau dieselbe Uebereinstimmung auch mit den *Pygopodiden* dar und im Bau des Schädels weichen sie von allen Familien der 2ten Gruppe durchaus ab und zeigen namentlich durch den Mangel der Columella cranii und des knöchernen Interorbitalseptums die grösste Verwandtschaft mit den *Dibamiden* und *Amphisbaeniden*, denen diese Knochen gleichfalls fehlen. Da Boulenger seine Familien hauptsächlich durch osteologische, dem Bau des Schädels entlehnte Merkmale, namentlich durch die An- oder Abwesenheit der beiden Knochenbrücken, des Arcus postorbitalis und des Arcus frontotemporalis (postfronto-squamosal arch), so wie durch das Vorhandensein oder Fehlen der knöchernen Ueberdachung der Fossa supratemporalis charakterisirt hat, so sollte man annehmen, dass diese Verhältnisse bei Bestimmung der Reihenfolge der Familien maassgebend gewesen sind, doch ist das keineswegs durchweg der Fall, denn in der 2ten seiner namenlosen Gruppen beginnt die Reihe der Familien mit den *Uroplatiden* und *Pygopodiden*, deren Schädel durch den Mangel der beiden Knochenbrücken ausgezeichnet ist, darauf folgen die *Agamiden, Iguaniden* und *Xenosauriden* bei denen die genannten Knochenbrücken vorhanden, die Fossa supratemporalis aber nicht knöchern überdacht ist, dann die *Zonuriden* und *Anguiden* mit ausgebildeten Knochenbrücken und knöchern überdachter Fossa supratemporalis, darauf die *Aniellen*, bei denen wieder die Knochenbrücken fehlen, dann die *Helodermatiden*, mit vollständigem Arcus postorbitalis, aber ohne Arcus frontotemporalis und endlich die *Varaniden*, bei denen gerade umgekehrt der Arcus frontotemporalis vorhanden, der Arcus postorbitalis aber unvollständig ist, und denen ebenso, wie selbstverständlich auch den beiden vorhergehenden, die knöcherne Ueberdachung der Fossa supratemporalis fehlt. Ganz ähnlich steht es auch um die Reihenfolge der Familien in der 3ten Gruppe. Hier macht die Familie der *Xantusiiden* den Anfang, bei welcher der Schädel beide Knochenbrücken und eine knöchern überdachte Fossa supratemporalis besitzt, dann folgen die *Tejiden* mit ausgebildeten Knochenbrücken, aber ohne knöcherne Ueberdachung der Schläfengrube, darauf die *Amphisbaeniden* mit niedrig entwickeltem Schädel, an welchem die Knochenbrücken fehlen, alsdann die *Lacertiden* und *Gerrhosauriden*, deren Schädel ebenso gebildet ist, wie derjenige der *Xantusiiden*, d. h. beide Knochenbrücken und das Knochendach über der Fossa supratemporalis besitzt, darauf die *Scinciden*, welche im Schädelbau wieder mit den *Tejiden* übereinstimmen, indem bei ihnen die beiden Knochenbrücken wohl vorhanden sind, die Ueberdachung der Schläfengrube aber fehlt, und endlich die *Anelytropiden* und *Dibamiden*, deren Schädel ebenso niedrig entwickelt ist, wie derjenige der *Amphisbaeniden*, und weder die Knochenbrücken, noch das Knochendach zeigt. Wie man sieht, sind auch bei ausschliesslicher Berücksichtigung des Schädelbaues durchaus keine zwingenden Gründe vorhanden, die Familien in der von Boulenger proponirten Ordnung auf einander folgen zu lassen, im Gegentheil auch die osteologischen Merkmale sprechen entschieden gegen diese Reihenfolge, denn es kann doch keinem Zweifel unterliegen, dass es z. B. viel natürlicher und richtiger gewesen wäre, wenn Boulenger die Familie der *Amphisbaeniden* an's Ende seiner 3ten Gruppe, hinter die *Dibamiden* gestellt hätte, mit denen sie im Schädelbau nicht bloss durch die Abwesenheit der Columella cranii, sondern auch durch den Mangel des knöchernen Septum interorbitale übereinstimmt. Diese Reihenfolge, bei welcher die heterogensten Formen einander genähert und die verwandtesten von einander getrennt werden, ist somit durchaus unnatürlich und muss unbedingt durch eine andere ersetzt werden, in welcher die einzelnen Familien nach den im Schädelbau ausgesprochenen Verwandtschaften gruppirt sind; wenn man nun dabei von der in systematischer Beziehung ganz unwesentlichen Form des Schlüsselbeines absieht und statt der Bekleidung die Form der Zunge in Betracht zieht, so lässt sich die von Boulenger aufgestellte recht complicirte Eintheilung mit dem bisher geltenden, ungleich einfacheren Eidechsensystem ganz ohne allen Zwang in Einklang bringen.

Was nun das bisher geltende Eidechsensystem anbetrifft, so ist im Laufe der Jahre, dank den Arbeiten der älteren Herpetologen, besonders M. C. Duméril's, Wiegmann's und Bibron's die Ordnung der Saurier in eine Anzahl natürlicher, meist schon auf den ersten Blick erkennbarer Gruppen eingetheilt worden, die zwar von den verschiedenen Autoren nicht immer in der gleichen Umgrenzung aufgefasst, im Grossen und Ganzen aber doch adoptirt worden sind. Diese Eintheilung, die ursprünglich in Wiegmann's Herpetologia mexicana und in der Erpétologie générale proponirt worden ist, aber nachträglich mancherlei Abänderungen und Verbesserungen erfahren hat, ist zwar später in ihrem ganzen Umfange nirgends eines Genaueren dargelegt worden, dennoch war die Mehrzahl der Herpetologen, freilich mit Ausnahme der Engländer, so zu sagen stillschweigend, übereingekommen, unter den Eidechsen 11 besondere Gruppen zu unterscheiden, denen man die Bedeutung von Familien beilegte und die man mit den Namen *Chamaeleonida, Geckonida, Agamida, Jguanida. Helodermatida, Varanida, Ameivida, Lacertida, Chalcidida, Scincida* und *Amphisbaenida* bezeichnete. Von diesen 11 Familien, die sich durch den Bau der Zunge, die Befestigungsweise der Zähne und namentlich durch die Beschaffenheit der äusseren Hautbedeckungen von einander unterscheiden, hat Boulenger nicht weniger als 7, nämlich die *Chamaeleonida, Agamida, Jguanida, Helodermatida, Varanida, Lacertida* und *Amphisbaenida* genau in der bisher allgemein angenommenen Umgrenzung adoptirt. Die Familie der *Ameividen* stimmt gleichfalls fast vollständig mit den *Tejidae* des Boulenger'schen Systems überein und der ganze Unterschied zwischen beiden besteht nur darin, dass Boulenger zu seinen *Tejidae* ausser den mit *Cercosaura* verwandten Formen, die man unter dem Namen *Cercosaurida* als besondere Tribus zusammenfassen könnte, noch die Genera *Tretioscincus, Microblepharus* und *Gymnophthalmus* hinzuzieht, die ihrer äusseren Erscheinung nach zu den *Scinciden* gehören und bisher auch stets zu dieser Familie gerechnet worden sind.

Die so überaus natürliche Familie der *Geckoniden* theilt Boulenger in 3 besondere Familien, *Geckonidae, Eublepharidae* und *Uroplatidae*, die ausschliesslich auf osteologische, z. Th. nur an skeletirten Exemplaren sichtbare Merkmale begründet sind. Die *Geckoniden* (im Sinne Boulenger's) besitzen am proximalen Ende ohsenförmig erweiterte Schlüsselbeine, amphicoele Wirbel und paarige Scheitelbeine, die *Eublephariden* gleichfalls ohsenförmig erweiterte Schlüsselbeine, aber procoele Wirbel und ein unpaares Scheitelbein, und die *Uroplatiden* stimmen in der Form der Wirbel und in der Zahl der Scheitelbeine mit den *Geckoniden* überein, haben aber einfache, am proximalen Ende nicht erweiterte Schlüsselbeine und ein einfaches Nasenbein. Was zunächst die *Eublephariden* anbetrifft, so ist das einfache Parietale schwerlich von grosser Bedeutung, da dieser Knochen bei ihnen in der Jugend ohne Zweifel gleichfalls paarig sein und erst später durch Verwachsen einfach werden wird, dagegen verdienen die procoelen Wirbel allerdings volle Berücksichtigung und würden auch ein gutes Unterscheidungsmerkmal abgeben, wenn mit Bestimmtheit festgestellt wäre, dass alle von Boulenger zu den *Geckoniden* gerechneten Formen auch wirklich amphicoele Wirbel besitzen. Das steht aber noch keineswegs fest, denn wenn es auch kaum einem Zweifel unterliegen kann, dass bei allen typischen *Geckoniden* die Wirbel amphicoel sind, so fragt es sich immerhin noch, ob die aberranten Formen, wie namentlich *Nephrurus, Chondrodactylus, Rhynchoedura* und *Teratoscincus* nicht am Ende auch in der Form der Wirbel abweichen, denn untersucht ist keine dieser Formen auf den fraglichen Punkt und so lange der directe Beweis dafür noch aussteht, wird es immerhin erlaubt sein, die Form der Wirbel in Frage zu stellen, zumal die *Eublephariden* in ihrer äusseren Erscheinung ungleich weniger von den *Geckoniden* abweichen, als z. B. die Gattungen *Nephrurus* und *Teratoscincus*. Freilich giebt es noch ein zweites Merkmal, durch welches sich die *Eublephariden* von den *Geckoniden* unterscheiden, nämlich die klappenförmigen Augenlider, nur muss, wenn man dieses Merkmal in den Vordergrund stellen will, die Gattung *Aelurosaurus,* deren Namen Bouleuger später[1]) in *Aelurascalabotes* verändert hat, aus der Familie der *Geckoniden* entfernt und in diejenige der *Eublepharidcn* gestellt werden, weil bei den dazugehörigen Arten, wie Boulenger selbst angiebt, die «eyelids well developed, conniveut» sind. Da ausserdem die Gattung *Aelurascalabotes* auch in der Beschaffenheit der Krallen vollkommen mit der *Eublephariden*-Gattung *Coleonyx* übereinstimmt, indem bei beiden die Krallen in eine aus 2 grossen Schuppen gebildete, von oben her durch eine dritte schmale Schuppe gedeckte Scheide zurückgezogen werden können, so zweifle ich auch keinen Augenblick daran, dass sie wirklich zu den *Eublephariden* gehört, und bin fest überzeugt, dass, wenn es erst einmal möglich sein wird, ein Skelet von *Aelurascalabotes* zu untersuchen, die Wirbel sich gleichfalls als procoel erweisen werden. Nimmt man nun an, dass die Form der Wirbel stets mit der Beschaffenheit der Augenlider Hand in Hand geht, was nach den bisherigen Erfahrungen mehr als wahrscheinlich ist, so lassen sich die *Geckoniden* und *Eublephariden* durch diese beiden Merkmale sehr gut und sicher von einander unterscheiden, dennoch glaube ich nicht, dass man sie als selbstständige Familien gelten lassen kann, da sonst die Gleichwerthigkeit der Familien überhaupt gestört wird. Die *Eublephariden* stimmen nämlich sowohl im Habitus, als auch in der Beschaffenheit der Hautbedeckungen und in der Bildung der Zehen so vollkommen mit den *Geckoniden* überein, dass man sie, genau genommen, nur für aberrante *Geckoniden* ansehen kann, und demzufolge halte ich es für richtiger, beide genannten Gruppen als besondere Tribus einer einzigen Familie, *Geckonida,* aufzufassen. Während Boulenger's Familie der *Eublephariden*, wenn auch nicht als Familie, so doch als besondere Tribus aufrecht erhalten werden kann, muss die Familie der *Uroplatiden* einfach eingezogen und mit der Familie der *Geckoniden* vereinigt werden. Diese neue Familie enthält nur die eine Gattung *Uroplatus*, die bekanntlich auf den sonderbaren *Gecko fimbriatus* Schneid. aus Madagascar begründet ist und desshalb aus der Familie *Geckonida* entfernt wird, weil bei der genannten Art, — die beiden anderen Arten sind auf das Skelet noch gar nicht untersucht, — das Schlüsselbein am proximalen Ende nicht erweitert und das Nasenbein einfach ist. Das einfache Nasale hat eben so wenig systematischen Werth, wie das einfache Parietale der *Eublephariden*, hier, wie dort, wird der betreffende Knochen bei jüngeren Individuen sicherlich paarig sein, und es bleibt also nur die nichterweiterte Clavicula übrig, die allein genügen soll, einen Saurier zum Typus einer besonderen Familie zu erheben, der in seiner ganzen übrigen Organisation ein *Geckonide* und dabei der Gattung *Ptyodactylus* so nahe verwandt ist, dass ein grosser Theil der Autoren ihn einfach als Art dieser Gattung aufgefasst hat. Will man auf diese Weise jeder auch noch so geringen Eigenthümlichkeit im Knochenbau gleich den Werth eines Familienmerkmals beilegen, so müsste man consequenter Weise z. B. auch die Gattung *Draco*

---

[1]) Annals and Mag. Nat. Hist. 5 ser. XVI (1885), p. 387. Hier ist bemerkt, dass der Namen *Aelurosaurus* bereits im Jahre 1881 von Owen fur einen fossilen Saurier aus der Familie der *Theriodonten* verbraucht ist und daher in *Aelurascalabotes* abgeändert werden muss.

aus der Familie der *Agamiden* aussondern und zum Typus einer besonderen Familie erheben, da bei den Arten dieser Gattung bekanntlich die 6 vorderen Paare der falschen Rippen verlängert sind und als Stützen einer besonderen Flughaut dienen; ja dieses letztere Verfahren liesse sich sogar noch leichter motiviren, denn die verlängerten Rippen haben eine bestimmte physiologische Bedeutung, sie stützen und entfalten die Flughaut, welche ihrerseits wieder auf die Lebensweise der *Draconen* influirt, während das Schlüsselbein wohl immer dieselbe Function haben dürfte, mag es nun am proximalen Ende öhsenförmig erweitert sein oder nicht. Ich glaube daher, dass Boulenger der Form der Clavicula eine in systematischer Beziehung viel zu grosse Bedeutung beilegt, denn daraus, dass der Sternalapparat bei den *Batrachiern* ein vortreffliches Eintheilungsmerkmal abgiebt, folgt noch keineswegs, dass dieser Apparat auch bei den *Sauriern* denselben Werth haben muss, im Gegentheil mir scheint gerade die Gattung *Uroplatus* den besten Beweis dafür zu liefern, dass die Form der Clavicula bei den Eidechsen gar keinen systematischen Werth hat, da einander so nahe verwandte Formen, wie die Genera *Ptyodactylus* und *Uroplatus*, in dieser Beziehung differiren, ganz abgesehen davon, dass es überhaupt schon misslich ist, bei Eintheilung einer Thiergruppe ein Organ zum hauptsächlichsten Unterscheidungsmerkmal zu erheben, welches, wie es hier der Fall ist, einem nicht unbeträchtlichen Theile dieser Gruppe gänzlich fehlt.

Die Familie der *Chalcididen* ferner, über deren Umgrenzung die Ansichten der verschiedenen Autoren von jeher am meisten auseinandergegangen sind, theilt Boulenger in vier Familien *Zonuridae, Anguidae, Xantusiidae* und *Gerrhosauridae*, von denen die zweite aber sehr heterogene Elemente enthält und aus einer Vereinigung der Gattungen *Gerrhonotus* und *Ophisaurus* (mit Einschluss der Genera *Pseudopus, Dopasia* und *Hyalosaurus*) mit den sogenannten *diploglossen Scinciden* entstanden ist. Die Gründe, welche Boulenger bewogen haben, so verschiedenartige Formen, wie z. B. den bekannten Sholtopusik (*Pseudopus Pallasii*) und die gemeine Blindschleiche (*Anguis fragilis*) in ein und dieselbe Familie zu vereinigen, sind theils im Schädelbau, theils und hauptsächlich aber in der Beschaffenheit der Zunge zu suchen. Der Schädel dieser Thiere besitzt die beiden Knochenbrücken und eine knöchern überdachte Fossa supratemporalis und die Zunge zeigt in ihrem grösseren basalen Theile fadenförmige Papillen, während ihre schwach ausgerandete Spitze mit kleinen flachen Schüppchen bekleidet ist, wobei ausserdem noch diese beiden Theile der Zunge durch eine mehr oder weniger deutlich ausgebildete Querfalte geschieden erscheinen. So vollkommen nun diese von Boulenger unter dem Namen *Anguidae* vereinigten Formen im Bau des Schädels und der Zunge mit einander übereinstimmen, ebensosehr differiren sie in der Beschaffenheit der Hautbedeckungen, denn während bei den Gattungen *Gerrhonotus* und *Ophisaurus* die Haut des Rumpfes, ebenso wie bei den *Zonuriden* und *Gerrhosauriden*, mit Querringeln von Schuppen bekleidet ist, zeigt sie bei den *Diploglossiden* genau dieselben imbricaten und im Quincunx angeordneten Schuppen, die für die *Scinciden* so charakteristisch sind. Ich glaube daher der bisher ganz allgemein adoptirten Ansicht, dass nämlich die *Di*-

*ploglossiden* zu den *Scinciden* gehören, beitreten zu müssen, und schlage vor, die Familie der *Anguiden*, die schon Boulenger selbst je nach der An- oder Abwesenheit der Seitenfalte in zwei nicht besonders benannte Abtheilungen scheidet, in zwei Gruppen, *Gerrhonotida* mit einer Seitenfalte und *Diploglossida* ohne Seitenfalte, zu theilen und die letzteren zu den *Scinciden* zu stellen. Was nun die vier Familien anbetrifft, in welche Boulenger die *Chalcididen* eintheilt, so stimmen dieselben im Bau des Schädels, der die beiden Knochenbrücken und das Knochendach über der Fossa supratemporalis besitzt, vollkommen überein und unterscheiden sich von einander hauptsächlich durch die Bekleidung der Zungenoberfläche: die *Zonuriden* haben eine durchweg mit zottenförmigen Papillen bekleidete Zunge, bei den *Gerrhonotiden* (Boulenger's *Anguiden* mit Seitenfalte) ist dieses Organ, wie schon bemerkt, theils mit Zotten, theils mit Schüppchen bekleidet und die *Xantusiiden* und *Gerrhosauriden* endlich besitzen eine Zunge, die an der Spitze schuppenförmige Papillen, an der Basis dagegen schräge, gegen die Mittellinie convergirende, einander mehr oder weniger deckende Falten zeigt. Die Bekleidung der Zunge ist also allerdings recht verschieden, die Form dieses Organs dagegen bei allen nahezu dieselbe, denn alle haben eine kurze, wenig protractile und an der Spitze schwach ausgerandete Zunge; zieht man nun hierzu noch in Betracht, dass auch bei allen die Schuppen des Rumpfes, sie mögen gross und schildförmig, oder klein und kornförmig sein, stets in deutliche Querringel angeordnet sind, so wird man die Ansicht der älteren Autoren, welche die Repräsentanten dieser 4 Familien unter dem Namen der *Chalcididen* oder Wirtelschleichen in eine einzige Familie vereinigt haben, nicht ganz unbegründet finden. Dass Boulenger's *Zonuriden*, *Gerrhonotiden* (*Anguiden* mit Seitenfalte), *Xantusiiden* und *Gerrhosauriden* zu einander eine grössere Verwandtschaft zeigen, als zu den übrigen Familien, unterliegt keinem Zweifel und daher glaube ich, dass es auch richtiger sein dürfte, sie als Tribus einer einzigen Familie aufzufassen, statt ihnen die Bedeutung selbstständiger Familien beizulegen.

Die Familie der *Scinciden* endlich, deren Repräsentanten von den Engländern so treffend als «fish-scaled lizards» bezeichnet werden, ist unter allen Eidechsenfamilien bekanntlich diejenige, in welcher die grösste Mannichfaltigkeit der Formen beobachtet wird, indem hier alle Uebergänge von der typischen vierfüssigen Eidechsenform bis zur fusslosen Schleichenform vertreten sind. Neben der mehr oder weniger gestreckten, oft geradezu schlangenförmigen Gestalt des Rumpfes sind es namentlich die Extremitäten, welche den grössten und mannichfaltigsten Abänderungen unterliegen, denn wir treffen hier nicht bloss vierfüssige, zweifüssige und fusslose Formen an, sondern auch die Zahl der Finger und Zehen variirt zwischen 5 und 0, und zwar in den mannichfachsten Combinationen. Ebenso wie in der Körperform und in der Zahl und Ausbildung der Extremitäten variiren diese Eidechsen auch im Schädelbau und diesem letzteren Umstande hauptsächlich ist es auch zuzuschreiben, dass Boulenger sie in nicht weniger als 6 selbstständige Familien vertheilt hat. Die höchste Entwickelung im Schädelbau bieten, wie ich schon zu bemerken Gelegenheit hatte, die *Diploglossiden* (Boulenger's *Anguidae* ohne Seitenfalte) dar, indem ihr Schädel sowohl die beiden

Knochenbrücken, als auch die knöcherne Ueberdachung der Fossa suprateinporalis besitzt, alsdann folgen die *Scinciden* Boulenger's, an deren Schädel zwar die beiden Knochenbrücken vorhanden sind, aber das Knochendach über der Fossa suprateinporalis fehlt, nächstdem die *Pygopodiden* und *Anelytropiden* mit einem Schädel ohne Knochenbrücken und selbstverständlich auch ohne Knochendach, und endlich die *Anielliden* und *Dibamiden* mit ganz niedrig entwickeltem Schädel, an dem nicht bloss die Knochenbrücken, sondern auch die Columella und sogar das knöcherne Interorbitalseptum fehlen, die also im Schädelbau vollkommen mit den *Amphisbaeniden* übereinstimmen. Trotz aller dieser Verschiedenheiten in der Körperform, in der Ausbildung der Extremitäten und im Schädelbau zeigen diese Thiere dennoch eine nicht zu läugnende Verwandtschaft zu einander, die sich in der Beschaffenheit der äusseren Hautbedeckungen documentirt: die Haut aller dieser Eidechsen ist nämlich mit Schindelschuppen, d. h. mit dachziegelförmig über einander gelagerten, nach Art der Fischschuppen im Quincunx angeordneten Schuppen, bekleidet und dabei so ausserordentlich charakteristisch, dass man diese Thiere auf den ersten Blick zu erkennen vermag. Diese Uebereinstimmung in den äusseren Hautbedeckungen ist Boulenger natürlich auch nicht entgangen, er betrachtet sie aber als «superficial appearance», mir dagegen scheint sie in systematischer Beziehung ungleich wichtiger zu sein, als die Differenzen im Knochenbau, die am Ende doch nur in einer graduellen Verkümmerung des Schädels bestehen, und ich glaube daher, dass es viel natürlicher sein dürfte, diese von Boulenger weit auseinandergerissenen Formen, wie bisher, unter dem Namen *Scincida* in eine Familie zu vereinigen und den 6 Familien Boulenger's höchstens den Werth von Tribus beizulegen.

Schliesslich bleibt noch Boulenger's Familie *Xenosauridae* übrig, welche bekanntlich auf eine einzige Art, den zuerst von Peters im Jahre 1861 genauer beschriebenen, höchst sonderbaren *Xenosaurus fasciatus* aus Mexico begründet ist; diese Eidechse erinnert durch die Beschuppung der Oberseite von Kopf und Rumpf an die *Geckoniden*, durch diejenige der Unterseite und des Schwanzes an die *Varaniden* und *Helodermatiden*, stimmt im Schädelbau und in der Befestigungsweise der Zähne mit den *Iguaniden* überein und besitzt eine Zunge, welche der Zunge der *Anguiden* (*Gerrhonotiden*) und *Diploglossiden*) sehr ähnlich ist, verbindet also Charactere sehr differenter Familien, lässt sich aber trotzdem in keine dieser Familien ohne Zwang einreihen und muss daher als Typus einer selbstständigen Familie, *Xenosaurida*, aufgefasst werden, welche, wie schon Peters[1]) bemerkt, das Bindeglied zwischen den *Iguaniden* und *Helodermatiden* bildet.

Nach dem im Vorstehenden Gesagten würde sich also die sehr complicirte Eintheilung Boulenger's mit dem früheren Eidechsensystem in folgender Weise combiniren lassen:

---

1) Berliner Monatsberichte 1861 p. 454.

**I. Rhiptoglossa.**
 1. Familie *Chamaeleonida.*

**II. Pachyglossa.**
 2. Familie *Geckonida.*
  1. Tribus *Geckonida* s. str.
  2. » *Eublepharida.*
 3. Familie *Agamida.*
 4. » *Iguanida.*
 5. » *Xenosaurida.*
 6. » *Helodermatida.*

**III. Leptoglossa.**
 7. Familie *Varanida.*
 8. » *Tejida.*
 9. » *Lacertida.*
 10. » *Chalcidida.*
  1. Tribus *Zonurida.*
  2. » *Gerrhonotida* (Boulenger's *Anguidae* mit Seitenfalte).
  3. » *Xantusiida.*
  4. » *Gerrhosaurida.*
 11. Familie *Scincida.*
  1. Tribus *Diploglossida* (Boulenger's *Anguidae* ohne Seitenfalte).
  2. » *Scincida* s. str.
  3. » *Pygopodida.*
  4. » *Anelytropida.*
  5. » *Aniellida.*
  6. » *Dibamida.*
 12. Familie *Amphisbaenida.*

Eine genauere Begründung der obigen Eintheilung liegt ausserhalb des Planes meiner Arbeit, auch könnte ich eine solche zur Zeit kaum geben, theils weil dazu sehr eingehende Studien erforderlich sind, die zu machen ich noch keine Zeit gehabt habe, theils auch weil der letzte Band von Boulenger's Catalog noch nicht erschienen und mir also der Bestand der 6 letzten von ihm adoptirten Familien nicht näher bekannt ist. Ich behalte mir daher eine genauere Auseinandersetzung des im Vorstehenden angedeuteten Systems für eine spätere Gelegenheit vor und wende mich nunmehr zu dem eigentlichen Gegenstande dieser Arbeit, zu der Familie der *Geckoniden.*

Als mir im Frühjahr 1885 der erste Band von Boulenger's Catalogue of Lizards in die Hände kam, entstand in mir natürlich der lebhafte Wunsch, das Werk nicht bloss näher kennen zu lernen, sondern es auch auf seinen Werth und seine Brauchbarkeit an den Objecten selbst zu prüfen. Zu diesem Zwecke machte ich mich im Beginn der Sommerferien an eine Revision unserer Eidechsensammlung und begann dieselbe mit der Familie der *Geckoniden*, theils weil diese Familie bei Boulenger die Reihe der Eidechsen eröffnet, theils und hauptsächlich aber auch desshalb, weil gerade unter unseren *Geckoniden* eine Anzahl von Arten, namentlich aus der Gattung *Hemidactylus*, vorhanden war, deren genauere Bestimmung mir bis dahin nicht recht hatte gelingen wollen. Die Arbeit ging so rasch vorwärts, dass sie in wenigen Wochen beendet war, und hat mir sehr viel Vergnügen bereitet, denn ich muss gestehen, dass ich in meiner mehr als fünfundzwanzigjährigen Praxis kaum jemals ein Buch mit solcher Befriedigung benutzt habe, wie diesen Boulenger'schen Catalog. Die Revision ergab das Resultat, dass wir im Ganzen 122 verschiedene Arten von *Geckoniden* in 637 Exemplaren[1]) besitzen, welche letzteren in 156 Gläser auseinandergelegt und unter ebenso vielen Nummern in den Generalcatalog der Reptiliensammlung eingetragen sind. Unter diesen 122 Arten fanden sich nicht weniger als 13 ganz neue, so wie eine, die zwar bereits vor mehr als 50 Jahren von Wiegmann unter dem Namen *Gymnodactylus Eversmanni* kurz characterisirt, aber später gänzlich in Vergessenheit gerathen war; diese letztgenannte Art liess sich in keine der von Boulenger adoptirten Gattungen einreihen, so dass ich sie zum Typus einer neuen Gattung, *Ptenodactylus*, erheben musste, und aus dem gleichen Grunde habe ich auch für eine der ganz neuen Arten ein neues Genus, *Cnemaspis*, creiren müssen. Aber auch unter den bereits bekannten Arten fanden sich hin und wieder Exemplare, die nicht ganz mit den vorhandenen Beschreibungen übereinstimmten, und da ich glaubte, dass eine kurze Besprechung solcher Exemplare für die genauere Kenntniss der betreffenden Arten nicht überflüssig sein würde, so entschloss ich mich statt einer einfachen Beschreibung der neuen Arten, einen Catalogue raisonné unserer ganzen *Geckoniden*-Sammlung zu veröffentlichen. Diese Sammlung ist zwar nicht gerade besonders reich, gehört aber immerhin zu den bedeutenderen und daher dürfte ein Catalog derselben auch nicht ganz ohne Interesse sein.

Bevor ich aber an die Aufzählung der in der academischen Sammlung vorhandenen *Geckoniden*-Arten gehe, möchte ich mir noch einige Bemerkungen über die von Boulenger adoptirten Gattungen, so wie namentlich auch über die Reihenfolge, in welcher er diese Gattungen aufführt, erlauben und brauche wohl nicht erst zu bemerken, dass ich unter dem Namen *Geckonida* nicht bloss die gleichnamige Familie Boulenger's, sondern auch seine Familien *Eublepharidae* und *Uroplatidae* zusammenfasse.

Was zunächst die Gattungen anbetrifft, so ist es kein geringes Verdienst Boulenger's, dass er die übergrosse Zahl derselben auf das gehörige Maass reducirt hat, nur glaube ich.

---

1) Da ich die Zahl der Exemplare in ein und demselben Glase höchstens mit 6 notirt habe, in einzelnen Gläsern aber weit mehr Exemplare enthalten sind, so ist die Gesammtzahl der Exemplare in Wirklichkeit grösser, als sie hier angegeben ist. Um solche Gläser mit mehr als 6 Exemplaren auszuzeichnen, habe ich sowohl im Generalcatalog, als auch in dieser Arbeit hinter die Zahl 6 ein + gestellt.

dass er dabei in zwei Fällen etwas zu weit gegangen ist und Genera vereinigt hat, die consequenter Weise hätten getrennt bleiben müssen. So zieht er die Gattung *Peripia* ein und vereinigt sie mit der Gattung *Gehyra*, obwohl bei den Arten der ersteren die Hypodactylschilder getheilt und zweizeilig, bei denen der letzteren dagegen ganz, d. h. ungetheilt, und einzeilig angeordnet sind. Hier wird also der Beschaffenheit der Hypodactylschilder nicht der Werth eines generischen Merkmals beigelegt, während es doch sonst immer geschieht, denn wodurch anders unterscheiden sich z. B. die beiden von Boulenger adoptirten Genera *Phyllopezus* und *Hemidactylus* von einander, wenn nicht dadurch, dass bei der einzigen Art des ersteren die Hypodactylschilder einfach und einzeilig, bei den Arten von *Hemidactylus* dagegen getheilt und zweizeilig sind. Genügt die Differenz in der Beschaffenheit der fraglichen Schilder in dem einen Falle zur Aufstellung zweier selbstständigen Genera, so erfordert es die Consequenz, dass ihr auch in dem anderen Falle der gleiche Werth vindicirt werde, und desshalb glaube ich, dass die Gattung *Peripia* wieder restituirt werden muss, um so mehr, als Boulenger bei seinem Verfahren doch genöthigt ist, seine Gattung *Gehyra* in zwei Gruppen, mit doppelten und einfachen Hypodactylschildern, zu trennen. Ganz ähnlich verhält es sich auch mit den Gattungen *Bunopus* und *Alsophylax*, die Boulenger unter dem letzteren Namen zusammengezogen hat, denn bei *Bunopus* sind die Querlamellen an der Unterseite der Finger und Zehen mit sehr deutlichen Tuberkeln versehen und erscheinen am Vorderrande gezähnelt, bei *Alsophylax* dagegen sind sie sowohl auf der Fläche, als auch am Rande durchaus glatt; diese beiden Gattungen unterscheiden sich von einander also genau durch dasselbe Merkmal, wie die Genera *Stenodactylus* und *Ptenopus*, und da Boulenger diese letzteren adoptirt hat, so müssen consequenter Weise auch *Bunopus* und *Alsophylax* als gesonderte Gattungen aufgefasst werden.

In Betreff der Reihenfolge, in welcher Boulenger die Gattungen aufführt, muss ich bemerken, dass mir dieselbe eine ganz willkürliche zu sein und den in der Zehenbildung ausgesprochenen Verwandtschaften der einzelnen Formen nicht in allen Fällen genügende Rechnung zu tragen scheint. Schon der Umstand, dass er die Reihe der Gattungen in seiner Familie *Geckonidae* mit den aberranten Formen beginnt, dürfte kaum zu rechtfertigen sein, da es doch einmal angenommen und auch ganz natürlich ist, die typischen Formen voran zu stellen und die aberranten erst am Schlusse folgen zu lassen. Es fragt sich nun, welche Formen als die typischen anzusehen sind und da giebt, wie ich glaube, die Zehenbildung den nöthigen Aufschluss. Bekanntlich zeichnen sich die *Geckoniden* durch eine grosse Mannichfaltigkeit in der Form und Bekleidung der Finger und Zehen aus und lassen sich hiernach in zwei grosse Gruppen eintheilen, nämlich in Arten mit erweiterten Fingern und Zehen und in solche, bei denen diese Organe einfach, d. h. nicht erweitert sind. Unter den ersteren giebt es wiederum Formen, bei welchen die Finger und Zehen in ihrer ganzen Länge erweitert sind und solche, bei welchen sich die Erweiterung nur auf einen Theil der genannten Organe beschränkt, und zwar ist es bald die Basis, bald die Spitze, welche die Erweiterung zeigt. Die am meisten typischen *Geckonen* würden hiernach also diejenigen sein, bei welchen die Finger und Zehen in ihrer ganzen Länge erweitert sind, und mit ihnen müsste auch die Reihe beginnen; diesen würden sich dann die Formen anschliessen, bei welchen die Finger und Zehen nur theilweise erweitert sind, und zwar zuerst diejenigen, bei welchen der grössere Theil der genannten Organe erweitert ist, also die Formen mit an der Basis erweiterten Fingern und Zehen, da bei diesen nur das Endglied an der Erweiterung nicht Theil nimmt. darauf müssten die Formen folgen, bei denen sich die Erweiterung auf das Endglied der Finger und Zehen beschränkt, und endlich diejenigen mit einfachen, nicht erweiterten Fingern und Zehen, an welche sich schliesslich die aberranten Formen anreihen müssten. Diese durchaus natürliche und auch bereits von Duméril und Bibron adoptirte Reihenfolge hat Boulenger verworfen und seine Familie *Geckonidae*, wie aus der Bestimmungstabelle der Gattungen zu ersehen ist, in 11 besondere Gruppen eingetheilt. Die 3 ersten dieser Gruppen enthalten die aberranten Formen, so wie diejenigen, bei welchen die Finger und Zehen gar nicht erweitert sind, die beiden folgenden den grössten Theil der Arten mit an der Spitze erweiterten Fingern und Zehen, in die 6. Gruppe stellt er Arten mit der ganzen Länge nach erweiterten Fingern und Zehen, in die 7. dagegen diejenigen, bei welchen die genannten Organe nur an der Basis erweitert sind, die 8. und 9. Gruppe enthalten wiederum Arten mit vollständig erweiterten Fingern und Zehen, in der 10. vereinigt er Formen mit sehr verschiedenartiger Zehenbildung, die mit einander aber darin übereinstimmen, dass ihnen durchweg die Krallen fehlen, und die 11. Gruppe endlich enthält wiederum Arten mit an der Spitze erweiterten Fingern und Zehen, bei denen aber die Krallen in eine sich seitwärts öffnende Scheide zurückgezogen werden können. Diese Anordnung ist nun nicht bloss unnatürlich, da dabei einander sehr nahe verwandte Arten weit auseinandergerissen werden, sondern hat auch noch den grossen Nachtheil, dass sie die Determination der Gattungen unnützer Weise erschwert, indem man beim Bestimmen immer alle 11 Gruppen consultiren muss, was bei einer dichotomisch angeordneten Tabelle natürlich wegfällt. Ich glaube daher, dass die Reihenfolge, welche die Verfasser der *Erpétologie générale* adoptirt haben, ungleich natürlicher ist, und habe den Versuch gemacht, eine dichotomisch angeordnete Tabelle zur Bestimmung der Gattungen zu entwerfen, in die ich auch die 4 bei Boulenger fehlenden Genera (*Peripia, Cnemaspis, Bunopus* und *Ptenodactylus*) aufgenommen habe, und welche anzeigen wird, in welcher Reihenfolge ich die 57 gegenwärtig bekannten *Geckoniden*-Gattungen aufzuführen vorschlage.

### Dichotomische Tabelle zur Bestimmung der Geckoniden-Gattungen.

Die Augenlider
I. rudimentär, ringförmig, oder häufiger nur das obere entwickelt (1. Tribus **Geckonida s. str.**).
Die Finger und Zehen sind
A) erweitert, und zwar
1) in ihrer ganzen Länge. Die Querlamellen an ihrer Unterseite
  *a*) sind getheilt, d. h. in 2 Reihen angeordnet. Die Krallen retractil . . . . . . . . . . 1. Thecadactylus.
  *b*) sind einfach oder einreihig; die Krallen
    α) fehlen ganz. Die Pupille
      +) rund . . . . . . . . . . . . . . . . . . . . . . . . . . . . . . . . . . . . . . . . . . . . . 2. Phelsuma.
      ++) vertical . . . . . . . . . . . . . . . . . . . . . . . . . . . . . . . . . . . . . . . . . 3. Pachydactylus.
    β) sind vorhanden, und zwar

τ) nur an gewissen Fingern, resp. Zehen, nämlich
    *z*) am 3. und 4. Finger, resp. Zehe .......................... 4. Tarentola.
    *zz*) am 2.—5. Finger, resp. Zehe, so dass nur der Daumen und die Innenzehe krallenlos sind ............................. 5. Homopholis.
ηη) an allen 5 Fingern und Zehen. Die Oberseite des Rumpfes ist
    *x*) mit Schuppen bekleidet, die
        *s*) imbricat angeordnet sind .......................... 6. Geckolepis.
        *ss*) neben einander liegen ................... .......... 7. Eurydactylus.
    *xx*) granulirt ................................................ 8. Aeluronyx.

2) nur theilweise, nämlich

*a*) an der Basis, so dass das Endglied comprimirt erscheint. Dieses comprimirte Endglied sitzt
   α) an der Spitze des erweiterten Theiles, welcher an der Unterseite mit
    X) einer einzigen Reihe von Lamellen bekleidet ist. Das comprimirte Endglied ist
      η) sehr kurz. Am Daumen und an der Innenzehe
        *z*) fehlt das comprimirte Endglied und auch die Kralle. Die Extremitäten
          *s*) mit einem sehr deutlichen Hautsaum versehen. An den Rumpfseiten
            +) ein sehr entwickelter Hautsaum, eine Art von Flughaut ........................... 9. Ptychozoon.
            ++) nur eine schmale Hautfalte ................ 10. Luperosaurus.
          *ss*) ohne Hautsaum ............................. 11. Gecko.
        *zz*) ist das comprimirte Endglied mit der Kralle vorhanden, u. ebenso beschaffen, wie an den übrigen Fingern u. Zehen .. 12. Rhacodactylus.
      ηη) lang und
        +) bildet mit dem erweiterten Theil einen Winkel ....... 13. Hoplodactylus.
        ++) liegt mit dem erweiterten Theile in einer Ebene ...... 14. Naultinus.
    X X) zwei Reihen von Lamellen bekleidet ist. Der Daumen und die Innenzehe sind
      η) wohlentwickelt, aber krallenlos ........................... 15. Lepidodactylus.
      ηη) ganz rudimentär. Die Pupille
        *s*) rund. Die Kralle an dem rudimentären Daumen, resp. Innenzehe
          *z*) sehr klein, kaum deutlich ..................... 16. Lygodactylus.
          *zz*) stark und sehr deutlich ...................... 17. Microscalabotes.
        *ss*) vertical .................................................. 18. Spathoscalabotes.
   β) auf der Mitte des erweiterten Theiles, tritt, so zu sagen, aus demselben hervor. Daumen und Innenzehe
    +) rudimentär, doch trägt die letztere eine wohlentwickelte Kralle 19. Perochirus.
    ++) wohlentwickelt. Das comprimirte Endglied
      *z*) fehlt am Daumen und an der Innenzehe, in der Innenzehe
        *s*) sind an der Unterseite ebenso mit Querlamellen versehen, wie die übrigen Zehen und Finger. Die Lamellen
          X) durch eine Mittelfurche getheilt .............. 20. Peripia.
          X X) durchaus ungetheilt und einzeilig ............. 21. Gehyra.
        *ss*) tragen an der Unterseite je eine runde Platte ......... 22. Aristelliger.
      *zz*) ist an allen Fingern und Zehen vorhanden. Der erweiterte Zehentheil an der Unterseite
        η) mit einer einfachen Reihe von Querlamellen bekleidet. 23. Phyllopezus.
        ηη) mit einer doppelten Reihe von Querlamellen bekleidet. Die Oberseite des Rumpfes
          *s*) mit grossen, dachziegelförmig gelagerten Schuppen bekleidet. Ohröffnung verdeckt ................. 24. Teratolepis.
          *xx*) mit kleinen Schuppen und Tuberkeln bekleidet. Ohröffnung frei ............................ 25. Hemidactylus.

*b*) an der Spitze. Die Erweiterung an der Unterseite
   α) mit Lamellen versehen, welche
    +) eine fächerförmige Anordnung zeigen. Der nicht erweiterte Theil der Finger und Zehen an der Unterseite
      *s*) mit Querlamellen bekleidet .......................... 26. Ptyodactylus.
      *ss*) mit Schuppen bekleidet ............................. 27. Uroplatus.
    ++) einfach der Quere nach gerichtet sind. Diese Lamellen sind an ihrem Hinterrande
      *z*) mit feinen Franzen versehen, wie gefilzt ................ 28. Dactychilikion.
      *zz*) glatt, ohne Franzen oder Zähnchen .................... 29. Rhoptropus.
   β) mit Platten versehen und zwar
    X) findet sich an jeder Zehe eine einzige solche Platte ............ 30. Sphaerodactylus.
    X X) sind an jeder Zehe zwei solcher Platten vorhanden, die neben einander liegen und durch eine Längsfurche getrennt sind. Die nicht erweiterten Glieder der Finger und Zehen sind

s) alle gleich beschaffen und an der Unterseite mit Querlamellen oder Tuberkeln versehen. Krallen
  ε) fehlen durchaus .................................. 31. Ebenavia.
  zz) sind vorhanden. Die Querlamellen an der Unterseite der Finger und Zehen sind
    η) einfach und überhaupt klein. Das erweiterte Endglied der Finger und Zehen ist auf der Oberseite
      +) mit grossen Schuppen bekleidet, die von denen der übrigen Glieder sehr abweichen. 32. Phyllodactylus.
      ++) mit kleinen Schuppen bekleidet, die denen der übrigen Glieder vollkommen gleichen. 33. Diplodactylus.
    ηη) paarig, mit Ausnahme der hinteren, d. h. proximalen. 34. Oedura.
  ss) in so fern ungleich, als auf dem vorletzten Gliede der 4 äusseren Finger und Zehen sich ein Paar ebensolcher Platten befindet, wie auf dem erweiterten Endgliede ............ 35. Calodactylus.
B) nicht erweitert oder höchstens an der Basis in so fern scheinbar erweitert, als das Basalglied gegen die stark comprimirten distalen Glieder beträchtlich absticht. Die Unterseite der Finger und Zehen mit
  1) Querlamellen bekleidet. Die distalen Glieder der Finger und Zehen
    a) viel schmäler, als das Basalglied, da sie mehr oder weniger stark comprimirt sind. Die Klauen liegen zwischen
      α) drei Schildchen, einem kleinen oberen und zwei grossen infero-lateralen. 36. Heteronota.
      β) zwei Schildchen, einem kleinen oberen und einem sehr grossen unteren, das rinnenförmig gebogen ist. Die Innenseite der Unterschenkel
        +) mit einer Längsreihe grosser, in die Quere gezogener Schilder bekleidet ........................ 37. Cnemaspis.
        ++) wie gewöhnlich beschuppt. Die Pupille ist
          γ) rund. Der Schwanz ist
            z) drehrund oder selbst abgeflacht, aber nie comprimirt.. 38. Gonatodes.
            zz) sehr deutlich comprimirt mit scharfer Oberkante...... 39. Pristurus.
          γγ) vertical. Der Schwanz
            X) von gewöhnlicher Form, conisch und sehr fragil .... 40. Gymnodactylus.
            X X) von der Basis an sehr dünn und nicht fragil ...... 41. Agamura.
    b) ebenso breit, wie das Basalglied u. nicht comprimirt. Die Zehen an den Seiten
      α) ganzrandig, d. h. nicht gefranzt; ebenso auch die Finger. Die Querlamellen an der Unterseite der Finger und Zehen
        X) glatt und am Vorderrande nicht gezähnelt. Die Oberseite des Rumpfes
          s) mit dachziegelförmig gelagerten Schuppen bekleidet ...... 42. Homonota.
          ss) mit Kornschuppen und Tuberkeln bekleidet ............ 43. Alsophylax.
        X X) mit deutlich vorspringenden Tuberkeln bekleidet und am Vorderrande gezahnelt ................................. 44. Bunopus.
      β) mit deutlichen Franzen versehen. Die Finger an den Seiten
        +) gleichfalls mit deutlichen Franzen versehen ............. 45. Ptenodactylus.
        ++) ganzrandig, oder sehr undeutlich gefranzt. Die Querlamellen an der Unterseite der Finger und Zehen
          и) gekielt und am Vorderrande deutlich gezähnelt ........ 46. Stenodactylus.
          ии) nicht gekielt und mit so feinen Tuberkeln besetzt, dass sie fast glatt erscheinen, ......................... 47. Ptenopus.
  2) kleinen Schuppen oder Körnchen bekleidet. Finger und Zehen an den Seiten
    a) gefranzt. Die Unterseite derselben mit
      z) kleinen, zugespitzten, imbricaten Schuppen bekleidet ................ 48. Ceramodactylus.
      β) mit feinen Granulationen versehen.................... 49. Teratoscincus.
    b) ganzrandig, d. h. ohne Franzen. Die Haut an der Unterseite der Vorder- und Hinterfüsse
      +) von gewöhnlicher Beschaffenheit, d. h. nicht polsterartig aufgetrieben. Die Krallen
        z) fehlen ............................................... 50. Colopus.
        β) sind vorhanden....................................... 51. Rhynchoedura.
      ++) polsterartig aufgetrieben. Die Krallen
        z) fehlen............................................... 52. Chondrodactylus.
        zz) sind vorhanden...................................... 53. Nephrurus.
II. wohlentwickelt, klappenförmig (2. Tribus Eublepharida). Die Unterseite der Finger u. Zehen
  a) granulirt .................................................. 54. Psilodactylus.
  b) mit Querlamellen besetzt. Die Krallen
    1) deutlich sichtbar, nicht retractil............................ 55. Eublepharis.
    2) nicht sichtbar, sondern in einer Scheide versteckt, die aus 2 grossen breiten seitlichen und einer schmalen oberen Schuppe besteht. Die distalen Phalangen
      α) comprimirt .......................................... 56. Aeluroscalabotes.
      β) nicht comprimirt, sondern genau so beschaffen, wie die basalen............ 57. Coleonyx

## Verzeichniss der im zoologischen Museum der Kaiserlichen Akademie der Wissenschaften aufgestellten Geckoniden[1]).

### 1. Thecadactylus rapicauda Houtt.

*Thecadactylus rapicaudus* Boulenger. Catal. I, p. 111.

| | | |
|---|---|---|
| 323. Fundort? | Hr. Parreyss 1839. | |
| 324. Surinam. | Dr. Krauss 1858. | |
| 325. Guyana. | Berliner Museum 1857. | |
| 2691. Neu-Granada. | Hr. Erber 1870. | |
| 7160. Yucatan. | Hr. Boucard 1886. | |
| 7173. Chiriqui. | Hr. Boucard 1886. | |

### 2. Phelsuma Cepedianum Merr.

*Phelsuma cepedianum* Boulenger. Catal. I, p. 211.

| | | |
|---|---|---|
| 322. Isle de France. | Hr. Parreyss 1838. | |
| 2819. Isle de France. | Hr. Erber 1870. | |
| 5632. Mauritius. | British Museum 1880. | |
| 6438. Madagascar. | Hr. Umlauff 1885. | |
| 6439. Madagascar. | Hr. Umlauff 1885. | |
| 6440. Madagascar. | Hr. Umlauff 1885. | |

Die beiden Exemplare von Isle de France, so wie die drei von Madagascar stammenden, haben die für diese Art charakteristischen, (in Spiritus) gelblich rothen Zeichnungen, bei dem Stück № 5632 dagegen sind dieselben so undeutlich, dass es auf den ersten Blick oben ganz einfarbig erscheint und nur jederseits 2 helle Längsstreifen zeigt, von denen der obere, der weniger deutlich ist, an der Schulter zu beginnen scheint und sich auch auf die vordere Schwanzhälfte ausdehnt, während der untere, der viel deutlicher und weissgefärbt ist, unter dem Ohre beginnt und sich bis in die Leistengegend hinzieht, nur an der Insertionsstelle des Oberarmes unterbrochen.

### 3. Phelsuma Guentheri Boul.

*Phelsuma Guentheri* Boulenger. Catal. I, p. 213.

| | | |
|---|---|---|
| 5947. Mauritius. | Hr. G. Schneider 1882. | |
| 5948. Mauritius. | Hr. G. Schneider 1882. | |
| 6403. Mauritius. | Dr. E. Riebeck* 1885. | |

[1]) Bei allen Exemplaren, die dem Museum als Geschenke zugegangen sind, habe ich auch hier, wie in allen meinen früheren Arbeiten, den Namen des Gebers durch einen * ausgezeichnet.

Die drei Exemplare im British Museum besitzen keine Epidermis, wesshalb Boulenger die Färbung und Zeichnung nicht hat angeben können. Unsere drei Stücke sind auf der Oberseite dunkelbleigrau und ziemlich dicht schwarz gesprenkelt, auf der Unterseite schmutzig weiss, nur an der Kehle leicht grau gesprenkelt. Das Weibchen (№ 6403) zeigt sonst keine Zeichnungen, bei den Männchen dagegen sieht man jederseits an der Schläfe zwei etwa parallele, schwarze Linien, die am Hinterrande der Orbita beginnen und schräge nach hinten und innen gegen den Nacken ziehen. Bei dem kleineren Männchen (№ 5948) vereinigt sich jede dieser Binden mit der entsprechenden der andern Seite unter spitzem Winkel und es entstehen dadurch auf dem Nacken und Halse zwei mehr oder weniger regelmässige Chevrons, bei dem grossen Männchen dagegen lässt sich nur der vordere dieser Chevrons einigermaassen deutlich erkennen, der hintere, der aus der Vereinigung der jederseitigen unteren Binde entsteht, fehlt hier durchaus. Auf dem Scheitel bilden die schwarzen Sprenkel mehr oder weniger deutliche Vermiculationen, die bei dem Weibchen gleichfalls kaum angedeutet sind. Unser grosses, vorzüglich conservirtes Männchen (№ 5947) hat eine Totallänge von 240 Mm.

#### 4. Phelsuma madagascariense Gray.

*Phelsuma madagascariense* Boulenger. Catal. 1, p. 214.

6404. Insel Nossi-bé. Dr. E. Riebeck 1885.
6405. Insel Nossi-bé. Dr. E. Riebeck * 1885.
6676. Madagascar. Linnaea 1885.
6677. Madagascar. Linnaea 1885.

#### 5. Phelsuma laticauda Boettg.

*Phelsuma laticauda* Boulenger. Catal. I, p. 215.

5502. Madagascar. Hr. H. Schilling 1879.
6674. Madagascar. Linnaea 1885.
6675. Madagascar. Linnaea 1885.

#### 6. Phelsuma lineatum Gray.

*Phelsuma lineatum* Boulenger. Catal. I, p. 216, pl. XVIII, f. 1.

3843. Madagascar. Hr. Gerrard 1874.

#### 7. Pachydactylus Bibronii Smith.

*Pachydactylus Bibronii* Boulenger. Catal. 1, p. 201.

648. Otjimbingue.   Berliner Museum 1868.
649. Otjimbingue.   Berliner Museum 1868.
5296. Calvinia District.   Berliner Museum 1879.

## 8. Pachydactylus capensis Smith.

*Pachydactylus capensis* Boulenger. Catal. I, p. 202.

6939. Capland. British Museum 1886.

## 9. Pachydactylus ocellatus Oppel.

*Pachydactylus ocellatus* Boulenger. Catal. I, p. 205.

321. Fundort? Kunstkammer (2 Ex.).
5400. Capland. Hr. S. Braconnier 1879.

## 10. Pachydactylus maculatus Smith.

*Pachydactylus maculatus* Boulenger. Catal. I, p. 206, pl. XVI, f. 4.

6940. Capland. British Museum 1886.

## Gattung Tarentola Gray.

Bei seiner Vorliebe für osteologische Merkmale hat Boulenger die Arten dieser Gattung in zwei Gruppen eingetheilt, je nachdem ein Os supraorbitale vorhanden ist oder nicht. Da er aber unterlassen hat, anzugeben, wie man die An- oder Abwesenheit dieses Knochens erkennen kann, ohne das Object zu lädiren, so muss ich von diesem Merkmale absehen, schon allein desshalb, weil ich mir nicht das Recht anmaasse, Unica der Sammlung behufs der Determination irgendwie zu beschädigen, sobald eine solche auch sonst noch zu bewerkstelligen ist. Und dass man die *Tarentola*-Arten auch ohne Berücksichtigung dieses osteologischen Merkmals von einander unterscheiden kann, unterliegt keinem Zweifel, sind doch alle von Boulenger in dieser Gattung aufgeführten Arten auch früher, ehe dieses Merkmal entdeckt war, gut und sicher von einander unterschieden worden. Sicherlich ist die Einführung dieses osteologischen Merkmals auch der Grund dafür, dass Boulenger drei hierhergehörige Arten, nämlich *Tarentola americana* Gray, *Tarentola cubana* Ptrs. und *Tarentola clypeata* Gray, als «not sufficiently well established to enter the system» nicht in seine Synopsis aufgenommen, sondern nur in einer Anmerkung kurz charakterisirt hat. Da mir nun zwei Eidechsen vorliegen, welche in diese Gattung gehören und welche ich, da ich sie mit keiner der bisher beschriebenen Arten identificiren kann, für neu halten muss, so gebe ich hier eine dichotomische Tabelle zur Bestimmung der 11 mir bekannten Arten dieser Gattung, wobei ich natürlich das von Boulenger eingeführte osteologische Merkmal, als für die

Bestimmung nicht geeignet, bei Seite gelassen habe. Die 11 Arten unterscheiden sich von einander, wie folgt:

**Das Hinterhaupt**

I. einfach, ohne Querleiste. Der Vorderrand der Ohröffnung
  A) ganz, d. h. nicht gezähnelt. Die Dorsaltuberkeln
    1) sehr deutlich gekielt. Die polygonalen Tuberkeln auf der Oberseite des Kopfes sind
      *a*) stark gewölbt, aber ohne Spur eines Kieles. Die Rückentuberkeln sind
        α) gruppenweise angeordnet, indem jeder grosse Tuberkel noch von einem Kranze kleinerer umgeben ist... *facetana*.
        β) durchaus isolirt, dabei aber sehr dicht gedrängt .... *neglecta*.
      *b*) flach, aber deutlich gekielt ....................... *angusticeps*.
    2) glatt oder doch nur sehr undeutlich gekielt. Der Schwanz auf der Unterseite
      *a*) leicht convex mit gerundetem Seitenrande. Die Rückentuberkeln bilden
        α) 12 Längsreihen. Das Mentale etwa doppelt so lang, als in der Mitte breit. Die Kehlschuppen sind
          +) viel kleiner, als diejenigen auf dem Hinterhaupte....................... *Delalandii*.
          ++) fast so gross, wie diejenigen auf dem Hinterhaupte........................ *ephippiata*.
        β) 16 Längsreihen. Das Mentale ist etwa drei mal so lang, wie in der Mitte breit ........................ *gigas*.
      *b*) abgeflacht mit scharfem Seitenrande ................ *senegalensis*.
  B) gezähnelt. Die Rückentuberkeln
    *a*) glatt und mehr oder weniger gewölbt; ihre Beschaffenheit auf dem Rumpfe ist
      1) ein verschiedene, indem sie auf der Rückenmitte linsenförmig und schwach convex, an den Flanken aber conisch zugespitzt sind .................................. *aegyptiaca*.
      2) eine durchaus gleiche und dabei stehen sie sehr dicht gedrängt......................................... *americana*.
    *b*) sehr stark gekielt und in 20 Längsreihen angeordnet ........ *cubana*.

II. von einer erhabenen Querleiste begrenzt ........................ *clypeata*.

## 11. Tarentola facetana Aldrov.

*Tarentola mauritanica* Boulenger. Catal. I, p. 196.

| | |
|---|---|
| 326. Süd-Europa. | Dr. Schinz 1837. |
| 327. Algerien. | Dr. Guyon * 1862. |
| 328. Algerien. | Dr. Guyon * 1862. |
| 329. Sicilien. | Hr. Parreyss 1842. |
| 330. Umgegend der Stadt Alger. | Dr. Strauch * 1861. |
| 331. Umgegend der Stadt Alger. | Dr. Strauch * 1861. |
| 332. Umgegend der Stadt Alger. | Dr. Strauch * 1861. (4 Ex.) |
| 333. Umgegend der Stadt Alger. | Dr. Strauch * 1861. (4 Ex.). |
| 334. Umgegend der Stadt Alger. | Dr. Strauch * 1861. |
| 335. Umgegend der Stadt Alger. | Dr. Strauch * 1861. |
| 336. Umgegend der Stadt Alger. | Dr. Strauch * 1861. |
| 337. Griechenland. | Dr. Bartels * 1830. |
| 338. Sicilien. | Hr. Parreyss 1843. |
| 339. Sicilien. | Dr. Strauch * 1861. |
| 3395. Nizza. | Dr. Strauch * 1872. |
| 4964. Toulon. | Hr. F. Lataste 1878. |
| 5467. Castellamare. | Hr. N. Tulinow * 1879. (2 Ex.) |
| 5875. Constantine. | Dr. Staudinger 1882. |
| 6034. Nizza. | Dr. J. von Bedriaga 1883. (2 Ex.) |
| 6302. Palermo. | Hr. Grohmann 1835. |

## 12. Tarentola neglecta n. sp. Fig. 3 u. 4.

5376. Batna. (Algerien) Hr. Deyrolle 1879.

Diese Art ist im Habitus der *Tarentola Delalandii* D. et B. sehr ähnlich, unterscheidet sich von derselben aber durch die deutlich gekielten, z. Th. sogar triedrischen Rückentuberkeln, die sehr dicht gedrängt stehen und in der Mitte des Rückens 14 reguläre Längsreihen bilden. Ferner sind bei ihr die Submentalschilder genau so angeordnet, wie bei *Tarentola ephippiata* O'Shaughn., von welcher letzteren sie aber sowohl durch den Habitus, als auch durch die gekielten Rückentuberkeln und namentlich durch die kleinen Gularschuppen, die kleiner sind, als diejenigen auf dem Occiput, leicht unterschieden werden kann.

Die Schnauze ist so lang, wie der Zwischenraum zwischen der Ohröffnung und der Orbita. Das Rostrale ist etwa doppelt so breit, wie hoch; jederseits 9 Supralabialia, von denen die letzten sehr klein sind. Das Mentale etwa doppelt so lang, wie in der Mitte breit, und am Hinterrande nicht halb so breit, wie am vorderen. 9—10 Infralabialia jederseits. Die Submentalia jederseits in der Zahl 3 vorhanden, von denen das innerste lang ist und mit dem 1. Infralabiale in Contact steht, während die beiden äussern viel kleiner erscheinen und durch eine Reihe noch kleinerer Schildchen von den Infralabialen getrennt sind.

Die Ohröffnung, etwa halb so lang, wie der Durchmesser der Orbita, ist schmal, vertical gestellt und am Vorderrande nicht gezähnelt. Das Nasenloch liegt, wie bei allen *Tarentola*-Arten, zwischen dem 1. Supralabiale und 3 Nasalen, nicht zwei, wie Boulenger wohl im Versehen angiebt. Die Oberseite des Kopfes ist mit grossen polygonalen Tuberkelschuppen bekleidet, die sehr gewölbt sind, aber nicht die Spur eines Kieles zeigen; auf der Schnauze sind diese Tuberkelschuppen nicht grösser, als auf dem übrigen Kopfe, wohl aber stärker gewölbt. Die Oberseite des Rumpfes und der Extremitäten mit sehr feinen, ziemlich flachen Kornschuppen bekleidet, zwischen denen grosse Tuberkeln eingestreut sind, welche sehr deutlich gekielt, stellenweise sogar triedrisch, erscheinen und auf der Mitte des Rumpfes 14 fast ganz reguläre Längsreihen bilden. Diese Tuberkeln sind durchaus isolirt und dabei so dicht an einander gedrängt, dass die sie trennenden Zwischenräume, wenigstens in der Mitte des Rückens, viel schmäler, als die Tuberkeln selbst erscheinen. Jederseits im Nacken findet sich eine Längsreihe von 3—4 conischen Tuberkeln, von denen jeder an der Basis von einem Kranze grösserer Schuppen umgeben ist. Die Kehlschuppen sind klein, die Bauchschuppen beträchtlich grösser und dabei leicht imbricat angeordnet. Die vordere Hälfte des Schwanzes zeigt deutliche Ringel, die oben aus etwa 5—6 hinter einander liegenden Querreihen von Schuppen bestehen und von denen jeder an seinem Hinterrande ausserdem noch anfangs 6, später 4 grössere rückwärts gerichtete, deutlich gekielte Tuberkeln trägt. Die Farbe des ganzen Thieres ist einfach gelblichweiss, ohne die geringste Spur von Zeichnungen.

**Maasse.** Totallänge 95 Mm.; Länge des Kopfes 13 Mm., des Rumpfes 30 Mm., des Schwanzes 52 Mm.

Das eben beschriebene Exemplar und dasjenige der nächstfolgenden Art habe ich von Hrn. Deyrolle in Paris als aus der Gegend von Batna in der Algérie stammend gekauft, kann also für die Richtigkeit der Fundortsangabe nicht einstehen, habe aber auch keinen Grund an derselben zu zweifeln, da die übrigen Reptilien, die ich zugleich kaufte, nur solchen Arten angehören, welche in der Algérie einheimisch sind.

### 13. Tarentola angusticeps n. sp. Fig. 1 u. 2.

5375. Batna (Algerien). Hr. Deyrolle 1879.

Während alle bisher bekannten Arten dieser Gattung sich durch einen verhältnissmässig grossen und namentlich in der Temporalgegend sehr breiten, so zu sagen, aufgetriebenen Kopf auszeichnen, besitzt diese Art einen eher kleinen und an den Schläfen durchaus nicht aufgetriebenen Kopf. Am nächsten ist sie der *Tarentola neglecta* verwandt, mit welcher sie sowohl in der Anordnung und Beschaffenheit der Dorsaltuberkeln, als auch der Submentalschilder übereinstimmt, lässt sich aber sehr leicht von ihr unterscheiden, und zwar nicht bloss durch den völlig anders geformten Kopf, sondern namentlich auch durch die Kopfschuppen, die bei ihr sämmtlich auffallend flach und zugleich sehr deutlich gekielt sind.

Die Schnauze ist ziemlich breit, stumpf zugerundet und so lang, wie der Zwischenraum zwischen der Ohröffnung und der Orbita. Das Rostrale ist etwa doppelt so breit, wie hoch; neben demselben stehen jederseits 8 Supralabialia, von denen die letzten, wie gewöhnlich, klein sind. Das Mentale sehr lang, etwa doppelt so lang, als in der Mitte breit, und am Hinterrande kaum halb so breit, wie am Vorderrande. Jederseits 7—8 Infralabialia. Die Submentalia genau so gebildet, wie bei der vorigen Art, d. h. nur das jederseitige innerste dieser Schilder steht mit dem ersten Infralabiale in Berührung, während die beiden äusseren durch eine Reihe kleiner Schildchen von den Unterlippenschildern getrennt sind. Uebrigens ist diese Anordnung an dem mir vorliegenden Exemplar nur auf der rechten Seite normal, auf der linken dagegen stösst auch das mittlere der 3 Submentalia mit einem Theile seines Vorderrandes an das zweite Infralabiale. Die Ohröffnung kaum halb so lang, wie der Durchmesser der Orbita, schmal, vertical gestellt und am Vorderrande nicht gezähnelt. Die Oberseite des Kopfes mit grossen polygonalen Schuppen bekleidet, die sehr flach sind und deren jede einen sehr deutlichen, wenn auch gerade nicht sehr hohen Längskiel trägt. Diese Schuppen sind überall gleichgross, ausgenommen die Supraorbitalregion, wo sie deutlich grösser, aber ebenso gekielt sind. Die Oberseite des Körpers und der Extremitäten ist mit flachen feinen Schuppen bekleidet, zwischen denen grosse, stark gekielte, fast triedrische Tuberkeln eingelagert sind, welche auf der Rückenmitte 12 recht reguläre Längsreihen bilden und, wie bei der vorigen Art, dicht gedrängt stehen. An jeder Seite des Nackens findet sich gleichfalls, wie bei der vorigen Art, eine Längsreihe von vier Tuberkeln, die an der Basis von einem Ringe grösserer Schuppen umgeben sind. Die Kehlschuppen sind nicht besonders klein und werden von den imbricaten Bauchschuppen nur um das Doppelte, höchstens um das Dreifache an Grösse übertroffen. Der Schwanz ebenso beschuppt, wie bei der vorigen Art.

Die Grundfarbe ist ein schmutziges Weisslichgelb, auf der Unterseite, wie gewöhnlich, einfarbig, ohne alle Zeichnungen. Auf der Oberseite des Kopfes findet sich jederseits eine schmale bräunliche Temporalbinde, die sich auch auf den vorderen Theil des Rumpfes fortsetzt, und noch mehrere gleichfalls bräunliche Längslinien, die theils auf der Schnauze, theils auf dem Interorbitalspatium, theils auf dem Hinterhaupte liegen. Rumpf und Schwanz sind sehr undeutlich der Quere nach hellbräunlich gebändert, jedoch sind diese Querbinden nur auf dem Schwanze einigermaassen deutlich, während auf dem Rumpfe nur bei bestimmter Beleuchtung leise Spuren derselben zu sehen sind.

Maasse. Totallänge 80 Mm.; Länge des Kopfes 11 Mm., des Rumpfes 28 Mm., des Schwanzes 41 Mm.

### 14. Tarentola Delalandii Dum. et Bibr.

*Tarentola delalandii* Boulenger. Catal. I, p. 199.

| | | |
|---|---|---|
| 3056. Santa Cruz. (Teneriffa). | Wiener Museum 1868. |
| 4201. Fundort? | Kaiserl. Botanischer Garten* 1851. |
| 4202. Fundort? | Kaiserl. Botanischer Garten* 1851.(3 Ex.) |
| 5353. Teneriffa. | Pariser Museum 1879. |

Die 4 Exemplare, deren Fundort ich als unbekannt angegeben habe, fanden sich in einer ziemlich grossen Flasche, welche die Aufschrift «Caucasus» trug und dem Museum vom Kaiserlichen Botanischen Garten hieselbst im Jahre 1851 eingeschickt worden war. Diese Flasche, die allem Anscheine nach im Museum früher nicht geöffnet worden war, enthielt neben ganz gewöhnlichen kaukasischen Arten, wie *Coronella austriaca* Laur., *Ablabes collaris* Ménétr., *Tropidonotus natrix* L., *Tropidonotus hydrus* Pall., *Zamenis Rarergieri* Ménétr., *Lacerta muralis* Laur., *Lacerta viridis* Petiv., *Pseudopus Pallasii* Opp., *Stellio caucasius* Eichw., *Euprepes princeps* Eichw., auch ein Exemplar der *Vipera xanthina* Gray (№ 1054), einen kleinen *Gongylus* mit schwarzer Unterseite, die 4 in Rede stehenden *Geckonen* und 2 Exemplare einer *Lacerta*-Art, die ich für neu hielt, da mir eine ähnliche aus dem Russischen Reiche nicht bekannt war. Da nun die *Vipera xanthina* Gray in der Folge wirklich im Kaukasus gefangen worden ist, und ich im Berliner Museum Exemplare des schwarzbäuchigen *Gongylus*, die, wenn ich nicht irre, vom Grafen Minutoli aus Persien mitgebracht worden sind, gesehen hatte, so zweifelte ich nicht an der Richtigkeit der Fundortsangabe und trug die 4 Geckonen bis auf Weiteres als neue, der *Tarentola Delalandii* D. et B. äusserst nahe verwandte Art mit der Fundortsangabe «Caucasus» in den Generalcatalog ein. Neuerdings jedoch habe ich mich durch directen Vergleich nicht bloss überzeugt, dass diese vermeintlich neue Art durchaus mit *Tarentola Delalandii* D. et B. übereinstimmt, sondern auch gefunden, dass die *Lacerta*, die ich für neu hielt, weiter nichts, als eine in der Färbung und Zeichnung leicht abweichende Form von *Lacerta Galloti* D. et B. ist, und da sowohl *Tarentola Delalandii* D. et B., als auch *Lacerta Galloti* D. et B. auf Madera und Teneriffa einheimisch sind, ihr Vorkommen im Kaukasus also mehr als zweifelhaft sein dürfte, so bin ich zu dem Schlusse gekommen, dass in der fraglichen Flasche durch irgend einen, nicht näher zu erklärenden Umstand, Objecte von verschiedenen Fundorten unter einander gemengt gewesen sein müssen. Ich sehe mich daher genöthigt, den Fundort der in Rede stehenden 4 Exemplare für unbekannt zu erklären, zumal es mir auch neuerdings nicht gelungen ist, zu eruiren, von wem der Kaiserliche Botanische Garten die eben besprochene Flasche erhalten hat.

### 15. Tarentola aegyptiaca Cuv.

*Tarentola annularis* Boulenger. Catal. 1, p. 197.

| | | |
|---|---|---|
| 340. Aegypten. | Dr. Clot-Bey* | 1842. |
| 341. Aegypten. | Dr. Clot-Bey* | 1842. |
| 342. Aegypten. | Dr. Clot-Bey* | 1842. |
| 343. Aegypten. | Dr. Clot-Bey* | 1842. |
| 344. Aegypten. | Dr. Clot-Bey* | 1843. (2 Ex.) |
| 6303. Aegypten. | Dr. Clot-Bey* | 1843. (jung.) |

### 16. Aeluronyx seychellensis Dum. et Bibr.

*Aeluronyx seychellensis* Boulenger. Catal. I, p. 193.

5401. Insel Mahé. Hr. S. Braconnier 1879.

### 17. Ptychozoon homalocephalum Creveldt.

*Ptychozoon homalocephalum* Boulenger. Catal. I, p. 190.

| | | |
|---|---|---|
| 359. Sumatra. | | Hr. Parreyss 1842. |
| 4496. Insel Engano. | | Dr. Winkel* 1876. |
| 4535. Westküste von Sumatra. | | Dr. Winkel* 1876. |

### 18. Gecko verticillatus Laur.

*Gecko verticillatus* Boulenger. Catal. I, p. 183.

| | |
|---|---|
| 345. Philippinen. | Dr. Mertens 1829. (3 Ex.) |
| 346. Timor. | Hr. Temminck 1835. |
| 347. Timor. | Hr. Temminck 1835. |
| 348. Timor. | Hr. Parreyss 1842. |
| 349. Philippinen. | Hr. Cumming 1843. |
| 350. Java. | Hr. Werlemann 1842. |
| 2611. Fundort? | Hr. Umlauff 1870. (jung.) |
| 4789. Ost-Indien. | Hr. H. Schilling 1877. (2 Ex. jung.) |
| 5745. Kedong Djati (Java). | Dr. Winkel* 1881. |
| 5746. Kedong Djati (Java). | Dr. Winkel* 1881. |
| 5934. Luzon. | Hr. G. Schneider 1882. |
| 5935. Luzon. | Hr. G. Schneider 1882. |
| 5976. Soerabaya (Java). | Dr. Fischer* 1883. |
| 6406. Java. | Dr. E. Riebeck* 1885. (2 Ex.) |
| 6407. Java. | Dr. E. Riebeck* 1885. |
| 6691. Java. | Hr. Jouslain* 1885. |
| 6692. Java. | Hr. Jouslain* 1885. |
| 6854. Saigon. | Mag. J. Poljakow 1885. |

### 19. Gecko vittatus Houtt.

*Gecko vittatus* Boulenger. Catal. I, p. 185.

| | |
|---|---|
| 351. Amboina. | Hr. G. Frank 1858. |
| 352. Amboina. | Hr. G. Frank 1858. |
| 353. Amboina. | Hr. Parreyss 1839. |
| 4493. Amboina. | Dr. Winkel* 1876. |
| 4732. Neu Guinea. | Hr. G. Frank 1877. (2 Ex.) |

| | |
|---|---|
| 4733. Neu Guinea. | Hr. G. Frank 1877. |
| 4734. Neu Guinea. | Hr. G. Frank 1877. |
| 4735. Neu Guinea. | Hr. G. Frank 1877. |
| 4736. Neu Guinea. | Hr. G. Frank 1877. |
| 4737. Neu Guinea. | Hr. G. Frank 1877. |
| 5294. Neu Guinea. | Dr. Miklucho-Maclay* 1876. |
| 5671. Ternate. | Dr. Fischer* 1880. |
| 5672. Ternate. | Dr. Fischer* 1880. (2 Ex.) |
| 5828. Amboina. | Dr. Staudinger 1882. (2 Ex.) |
| 6414. Neu Britannien. | Dr. E. Riebeck* 1885. |
| 6415. Neu Britannien. | Dr. E. Riebeck* 1885. |

### 20. Gecko bivittatus Dum. et Bibr.

*Gecko vittatus* var. *bivittatus* Boulenger. Catal. I, p. 186.

| | |
|---|---|
| 650. Pelew-Inseln. | Museum Godeffroy 1868. |
| 651. Pelew-Inseln. | Museum Godeffroy 1868. |
| 3834. Australien. | Hr. Gerrard 1874. |
| 4268. Australien. | Hr. H. Schilling 1876. |

Peters und Marquis Doria haben diese Art bekanntlich für eine blosse Varietät des *Gecko vittatus* Houtt. erklärt und werden dazu sicherlich hinreichende Gründe gehabt haben, dennoch glaube ich, dass man beide Arten auseinanderhalten muss, da die so überaus charakteristische Zeichnung des *Gecko vittatus* Houtt. bekanntlich ausserordentlich constant und zugleich völlig verschieden ist von der zwar variabelen, aber bis zu einem gewissen Grade dennoch constanten Zeichnung des *Gecko bivittatus* D. et B.

### 21. Gecko monarchus Schlg.

*Gecko monarchus* Boulenger. Catal. I, p. 187.

| | |
|---|---|
| 354. Amboina. | Hr. G. Frank 1858. |
| 355. Amboina. | Hr. G. Frank 1858. |
| 3545. Philippinen. | Hr. Salmin 1872. (2 Ex.) |
| 3546. Philippinen. | Hr. Salmin 1872. |
| 4603. Goenang Sitolie (Pulo Nias). | Dr. Winkel* 1876. |
| 4677. Koeti auf Borneo. | Hr. Salmin 1877. |
| 5312. Malacca. | Berliner Museum 1879. |

### 22. Gecko japonicus Dum. et Bibr.

*Gecko japonicus* Boulenger. Catal. I, p. 188.

| | |
|---|---|
| 356. Pekin. | Dr. A. v. Bunge 1833. |
| 357. Pekin. | Dr. A. v. Bunge 1833. |
| 358. Pekin. | Dr. A. v. Bunge 1833. (2 Ex.) |

5466. Tsche-fu. Hr. F. Lataste 1879.
6246. Nagasaki. Mag. J. Poljakow 1883.
6304. China. Dr. K. Kessler 1880. (2 Ex.)

### 23. Rhacodactylus auriculatus Bavay.

*Rhacodactylus auriculatus* Boulenger. Catal. I, p. 179.

5402. Neu Caledonien. Hr. S. Braconnier 1879.

### 24. Rhacodactylus ciliatus Guichen.

*Rhacodactylus ciliatus* Boulenger. Catal. I, p. 180.

1106. Neu Caledonien. Hr. Boucard 1869.

An unserem, sonst sehr schön erhaltenen Exemplar fehlt leider der so seltsam geformte Schwanz und es besitzt statt dessen nur eine conische Warze von einigen Mm. Länge; überhaupt muss dieses Organ ausserordentlich leicht abbrechen, denn Bavay hat unter 8 Exemplaren, die er in Händen gehabt, nur ein einziges mit intactem Schwanze gefunden.

### 25. Hoplodactylus maculatus Boul.

*Hoplodactylus maculatus* Boulenger. Catal. I, p. 171, pl. XIV, f. 1.

1103. Australien. Hr. Boucard 1869.

### 26. Hoplodactylus anamallensis Günther.

*Hoplodactylus anamallensis* Boulenger. Catal. I, p. 175, pl. XIV, f. 2.

6942. Tinevelly. British Museum 1886.

### 27. Lepidodactylus aurantiacus Bedd.

*Lepidodactylus aurantiacus* Boulenger. Catal. I, p. 164, pl. XIII, f. 4.

6944. Shevaroys. British Museum 1886.

### 28. Lepidodactylus lugubris Dum. et Bibr.

*Lepidodactylus lugubris* Boulenger. Catal. I, p. 165.

| | |
|---|---|
| 3870. Gesellschafts-Inseln. | Museum Godeffroy 1874. (2 Ex.) |
| 5685. Ternate. | Dr. Fischer* 1880. (2 Ex.) |
| 6421. Neu Britannien. | Dr. E. Riebeck* 1885. |
| 6427. Tarowa (Gilberts-Inseln). | Dr. E. Riebeck* 1885. (5 Ex.) |
| 6428. Jaluit (Marschalls-Inseln). | Dr. E. Riebeck* 1885. (3 Ex.) |
| 6429. Jaluit (Marschalls-Inseln). | Dr. E. Riebeck* 1885. (3 Ex.) |

### 29. Lepidodactylus cyclurus Günther.

*Lepidodactylus cyclurus* Boulenger. Catal. I, p. 167, pl. XIII, f. 6.

1104. Neu Caledonien.   Hr. Boucard 1869.

### 30. Lygodactylus capensis Smith.

*Lygodactylus capensis* Boulenger. Catal. I, p. 160.

698. Otjimbingue.   Berliner Museum 1868.

### 31. Lygodactylus picturatus Ptrs.

*Lygodactylus picturatus* Boulenger. Catal. I, p. 161.

6975. Witu.   Linnaea 1886. (3 Ex.)

### 32. Peripia mutilata Wiegm.

*Gehyra mutilata* Boulenger. Catal. I, p. 148.

| | |
|---|---|
| 612. Cuba. | Dr. Strauch* 1861. |
| 656. Pegu. | Hr. Cutter 1868. |
| 3792. Ceylon. | Hr. Gerrard 1874. |
| 4471. Java. | Dr. Winkel* 1876. (Ex. mit 3 Schwänzen.) |
| 4777. Fundort? | Hr. H. Schilling 1877. |
| 5388. Singapore. | Hr. Deyrolle 1879. |
| 5647. Seychellen. | British Museum 1880. |
| 5687. Ternate. | Dr. Fischer* 1880. |
| 6673. Salanga. | Linnaea 1885. (2 Ex.) |
| 6856. Saigon. | Mag. J. Poljakow 1885. (2 Ex.) |
| 7126. Newera Ellia (Ceylon). | Hr. G. Schneider. (3 Ex.) |

### 33. Peripia variegata Dum. et Bibr.

*Gehyra variegata* Boulenger. Catal. I, p. 151.

| | |
|---|---|
| 652. Rockhampton. | Museum Godeffroy 1868. |
| 3632. Rockhampton. | Hr. Salmin 1873. |
| 3875. Port Bowen. | Museum Godeffroy 1874. |
| 5059. Queensland. | Museum Godeffroy 1878. |
| 6069. Süd-Australien. | Hr. G. Schneider 1883. (2 Ex.) |
| 6409. Süd-Australien. | Dr. E. Riebeck* 1885. |

## 34. Gehyra oceanica Lesson.

*Gehyra oceanica* Boulenger. Catal. I, p. 152.

| | |
|---|---|
| 608. Viti-Lewu. | Museum Godeffroy 1868. |
| 609. Cuba. | Dr. Strauch* 1861. |
| 610. Cuba. | Dr. Strauch* 1861. |
| 611. Cuba. | Dr. Strauch* 1861. |
| 3868. Tongatabu. | Museum Godeffroy 1874. |
| 5525. Oceanien. | Hr. H. Schilling 1879. |
| 6422. Neu Britannien. | Dr. E. Riebeck* 1885. (2 Ex.) |
| 6423. Neu Britannien. | Dr. E. Riebeck* 1885. |
| 6430. Jaluit (Marschalls-Inseln). | Dr. E. Riebeck* 1885. |

Die 3 Exemplare aus Cuba, so wie das cubanische Stück von *Peripia mutilata* Wiegm. habe ich im Jahre 1861 von dem bekannten Entomologen Herrn Sallé in Paris als aus Cuba stammend gekauft. Ob Herr Sallé sie selbst gefangen oder aus zweiter Hand erhalten hat, ist mir nicht bekannt, jedoch unterliegt es wohl keinem Zweifel, dass, falls dieselben wirklich in Cuba erbeutet sein sollten, sie dorthin durch Schiffe verschleppt sein müssen, wie das ja mit *Geckonen* nicht selten geschieht.

## 35. Gehyra vorax Girard.

*Gehyra vorax* Boulenger. Catal. I, p. 153.

| | |
|---|---|
| 607. Viti-Lewu. | Museum Godeffroy 1867. |
| 5653. Insel Vaté (N. Hebriden). | British Museum 1880. |
| 5654. Insel Vaté (N. Hebriden). | British Museum 1880. |
| 5655. Insel Vaté (N. Hebriden). | British Museum 1880. |

## 36. Gehyra Fischeri n. sp. Fig. 5 u. 6.

5688. Ternate. Dr. Fischer* 1880.

Diese neue Art unterscheidet sich von ihren Gattungsgenossen auf den ersten Blick durch den Besitz einer ziemlich breiten, dünnen Hautduplicatur, die jederseits etwa an der Hinterecke des Unterkiefers beginnt, sich längs den Seiten des Körpers hinzieht, sowohl den Vorder-, als auch der Hinterrand der Extremitäten besäumt und genau so beschaffen ist, wie die Duplicatur, welche bei *Hemidactylus platyurus* Schneid. an den Seiten des Rumpfes zwischen den Vorder- und Hinterextremitäten vorhanden ist. Der Kopf im Verhältniss zum Körper auffallend gross, etwa um die Hälfte länger, als hinten breit, und leicht abgeflacht. Die Schnauze länger als der Zwischenraum zwischen der Ohröffnung und dem Hinterrande der Orbita, etwa um ein Viertel länger als der Durchmesser der Orbita. Das Interorbitalspatium fast plan, auf der Mitte der Schnauze dagegen findet sich eine sehr deutliche Vertiefung von länglicher Form. Das Nasenloch ziemlich gross, zwischen dem Rostrale, dem Supralabiale primum und 5 besonderen Nasalschildern, von denen das innerste am grössten und von dem gleichnamigen Schilde der andern Seite durch ein ziemlich grosses polygonales Schildchen getrennt ist. Das Auge gross, die Supraorbitalregion sehr convex. Die Ohröffnung rundlich, klein, nicht viel mehr als doppelt so gross, wie das Nasenloch. Das Rostrale, etwa doppelt so breit, wie hoch, bildet ein fast rechtwinkliges Viereck und zeigt in der Mitte seines hinteren oder oberen Randes eine undeutliche Längsspalte. Neben demselben finden sich jederseits 14—15 Supralabialia, von denen die letzten sehr klein sind. Das Mentale klein, fünfeckig, jederseits von ihm gleichfalls 14—15 Infralabialia. Acht Submentalia, von denen die beiden innersten an einander grenzen und beträchtlich grösser sind, als die übrigen. Hinter diesen noch eine Querreihe grösserer irregulärer Schildchen, von denen gleichfalls die beiden innersten beträchtlich grösser sind, als die übrigen. Der Körper kurz, gedrungen und leicht abgeflacht, auf der Oberseite convex, auf der unteren ganz plan. Die Extremitäten gleichfalls kurz mit stark erweiterten, durch deutliche Interdigitalmembranen verbundenen Zehen. Die Querlamellen an der Unterseite der Zehen sind zwar ganz, zeigen aber einen mehr oder weniger deutlichen, kurzen und seichten Längseindruck. Jederseits etwa in der Höhe der Hinterecke des Unterkiefers beginnt eine Hautduplicatur, welche, wie schon bemerkt, sowohl den Vorder-, als auch den Hinterrand der Extremitäten besäumt, sich längs der ganzen Seite des Rumpfes hinzieht und an der Hinterseite der Hinterextremität besonders stark entwickelt ist. Die Oberseite des Kopfes, Rumpfes und der Extremitäten ist mit rundlichen, ziemlich stark convexen Kornschuppen bekleidet, die auf dem Hinterkopfe sehr fein, sonst aber überall ziemlich von gleicher Grösse sind. Die Schuppen an der Unterseite des Kopfes sind sehr fein und neben einander liegend, die Bauchschuppen dagegen imbricat und etwa dreimal grösser. Anal- und Femoralporen sind in der Zahl 35 vorhanden und bilden zwei bogenförmige Reihen, die in der Mittellinie des Körpers unter spitzem Winkel zusammenstossen. Der abgebrochene und reproducirte Schwanz ist, abgesehen von der reproducirten Spitze, leicht abgeflacht, auf der Oberseite mit einer seichten Längsfurche versehen und am Seitenrande abgerundet. Die Bekleidung seiner Oberseite besteht aus Kornschuppen, die kaum gewölbt und kleiner sind, als die Rumpfschuppen, und an der Unterseite ist er mit subimbricaten Schuppen bekleidet, die in den mittleren Längsreihen grösser sind, als in den seitlichen.

Die Färbung der Oberseite aller Theile ist chocolatebraun mit dunkleren Vermiculationen, die auf dem Rumpfe und den Extremitäten deutlicher sind, als auf dem Kopfe; die Unterseite ist schmutzig weiss und zeigt auf Hals und Kehle einen ausgesprochenen bräunlichen Ton.

**Maasse.** Totallänge? Länge des Kopfes 18 Mm.; des Rumpfes 45 Mm.; des Schwanzes?

Ich habe mir erlaubt, diese Art zu Ehren des Herrn Dr. Fischer, Gesundheits-Officiers 1[ter] Classe auf Ternate (später in Soerabaya auf Java), zu benennen, der unserem Museum eine überaus reiche Collection zoologischer Objecte von Ternate und Neu Guinea zum Geschenk gemacht hat.

### 37. Hemidactylus frenatus Dum. et Bibr.

*Hemidactylus frenatus* Boulenger. Catal. I, p. 120.

| | | |
|---|---|---|
| 631. Fundort? | Kunstkammer. | |
| 632. Java. | Hr. Parreyss 1839. | |
| 633. Philippinen. | Hr. Cumming 1843. | |
| 634. Pegu. | Hr. Cutter 1868. | |
| 635. Pegu. | Hr. Cutter 1868. | |
| 3399. Pioquinto (Corea). | Dr. L. v. Schrenck 1855. | |
| 3417. Ceylon. | British Museum 1872. | |
| 5686. Ternate. | Dr. Fischer* 1880. (2 Ex.) | |
| 6420. Neu Britannien. | Dr. E. Riebeck* 1885. | |
| 6857. Saigon. | Mag. J. Poljakow 1885. | |

### 38. Hemidactylus mabouia Moreau.

*Hemidactylus mabouia* Boulenger. Catal. I, p. 122.

| | | |
|---|---|---|
| 619. Fundort? | Kunstkammer. | |
| 620. Bahia. | Hr. Luschnath 1842. | |
| 621. Bahia. | Hr. Luschnath 1842. | |
| 622. Rio Janeiro. | Hr. J. Wosnessensky 1843. | |
| 623. Rio Janeiro | Hr. J. Wosnessensky 1843. | |
| 624. Fundort? | Hr. Brandt. | |
| 625. Fundort? | Hr. Drege. | |
| 626. Fundort? | Kunstkammer. | |
| 627. Cuba. | Berliner Museum 1868. | |
| 628. Cuba. | Berliner Museum 1868. | |
| 629. Cuba. | Berliner Museum 1868. | |
| 2655. Zanzibar. | Hr. Wessel 1870. | |
| 4799. West-Africa. | Hr. H. Schilling 1877. | |
| 5088. St. Thomas. | Kopenhagener Museum 1878. | |
| 5507. Madagascar. | Hr. H. Schilling 1879. | |
| 6042. Nossi-Bé. | Hr. G. Schneider 1883. (2 Ex.) | |
| 6431. Nossi-Bé. | Dr. E. Riebeck* 1885. | |

### 39. Hemidactylus fasciatus Gray.

*Hemidactylus fasciatus* Boulenger. Catal. I, p. 124, pl. XI, f. 4.

5300. Accra (West-Africa). Berliner Museum 1879.

### 40. Hemidactylus Bocagii Boul.

*Hemidactylus bocagii* Boulenger. Catal. I, p. 125.

653. Gabon. Hr. Salmin 1868.

### 41. Hemidactylus turcicus L.

*Hemidactylus turcicus* Boulenger. Catal. I, p. 126.

| | | |
|---|---|---|
| 618. | Dalmatien. | Hr. Parreyss 1857. |
| 2821. | Insel Syra. | Hr. J. Erber 1870. (2 Ex.) |
| 2822. | Insel Syra. | Hr. J. Erber 1870. (3 Ex.) |
| 3149. | Stadt Alger. | Dr. Strauch * 1861. |
| 3682. | Hyères. | Dr. M. Bogdanow * 1873. |
| 4826. | Koseir. | Dr. C. B. Klunzinger 1878. |
| 6672. | Creta. | Linnaea 1885. (2 Ex.) |
| 6983. | Insel Sardinien. | Linnaea 1886. |

Das Exemplar № 4826, das nicht besonders gut erhalten ist, weicht zwar durch die sehr schwach triedrischen Tuberkeln und die im Ganzen etwas kürzeren Zehen von den übrigen ab, dennoch kann es nicht zu *Hemidactylus sinaitus* Boul. gezogen werden, weil das Rostralschild an der Begrenzung des Nasenlochs Theil nimmt.

### 42. Hemidactylus Brookii Gray.

*Hemidactylus brookii* Boulenger. Catal. I, p. 128.

| | | |
|---|---|---|
| 6968. | Sklavenküste. | Linnaea 1886. (2 Ex.) |
| 6969. | Sklavenküste. | Linnaea 1886. (2 Ex.) |

### 43. Hemidactylus Gleadowii Murray.

*Hemidactylus gleadowii* Boulenger. Catal. I, p. 129.

| | | |
|---|---|---|
| 614. | Fundort? | Hr. Dupont. |
| 615. | Fundort? | Hr. Dupont. (2 Ex.) |
| 616. | Pegu. | Hr. Cutter 1868. |
| 617. | Pegu. | Hr. Cutter 1868. |
| 3416. | Ceylon. | British Museum 1872. |
| 6392. | Ceylon. | Dr. E. Riebeck * 1885. |
| 6395. | Ceylon. | Dr. E. Riebeck * 1885. |
| 7125. | Newera Ellia (Ceylon). | Hr. G. Schneider 1886. (2 Ex.) |

### 44. Hemidactylus maculatus Gray.

*Hemidactylus maculatus* Boulenger. Catal. I, p. 132.

| | | |
|---|---|---|
| 3814. | Anamallay-Gebirge. | Hr. Gerrard 1874. |

### 45. Hemidactylus triedrus Daud.

*Hemidactylus triedrus* Boulenger. Catal. I, p. 133.

| | |
|---|---|
| 613. Fundort? | Dr. Mertens 1829. |
| 3809. Ost-Indien. | Hr. Gerrard 1874. |
| 5609. Ceylon. | British Museum 1880. |
| 5610. Ceylon. | British Museum 1880. |
| 6394. Ceylon. | Dr. E. Riebeck* 1885. |
| 7123. Newera Ellia (Ceylon). | Hr. G. Schneider 1886. |

### 46. Hemidactylus depressus Gray.

*Hemidactylus depressus* Boulenger. Catal. I, p. 134.

| | |
|---|---|
| 654. Ceylon. | Hr. Higgins 1868. |
| 6929. Ceylon. | Hr. W. Schlüter 1886. |
| 7124. Newera Ellia. | Hr. G. Schneider 1886. |

### 47. Hemidactylus Leschenaultii Dum. et Bibr.

*Hemidactylus leschenaultii* Boulenger. Catal. I, p. 136.

| | |
|---|---|
| 3827. Birma. | Hr. Gerrard 1874. |
| 6393. Ceylon. | Dr. E. Riebeck* 1885. |
| 6945. Malabar. | British Museum 1886. |

### 48. Hemidactylus Coctaei Dum. et Bibr.

*Hemidactylus coctaei* Boulenger. Catal. I, p. 137.

| | |
|---|---|
| 3804. Calcutta. | Hr. Gerrard 1874. |
| 4184. Hardwar. | Wiener Museum 1876. (2 Ex.) |
| 4185. Calcutta. | Wiener Museum 1876. (2 Ex.) |
| 6305. Calcutta. | Wiener Museum 1876. |

### 49. Hemidactylus flavoviridis Ruepp.

*Hemidactylus flavoviridis* Rueppell. N. Wirbelth. Faun. Abyss. Rept. p. 18, tab. VI, f. 2.
*Hemidactylus Coctaei* Klunzinger. Zeitsch. d. Gesellsch. f. Erdkunde in Berlin, 1878, p. 94.

| | |
|---|---|
| 4819. Koseir. | Dr. C. B. Klunzinger 1878. |
| 4820. Koseir. | Dr. C. B. Klunzinger 1878. |
| 4821. Koseir. | Dr. C. B. Klunzinger 1878. |

Unsere drei Exemplare sind von Dr. Klunzinger in seinem Aufsatze «Zur Wirbelthierfauna im und am Rothen Meer» unter dem Namen *Hemidactylus Coctaei* D. et B. aufgeführt worden und vielleicht mit Recht, denn dieselben stimmen in allen Beziehungen mit den Beschreibungen der letztgenannten Art überein. Ein directer Vergleich mit den mir zu Gebote stehenden Exemplaren von *Hemidactylus Coctaei* D. et B. ergab gleichfalls eine fast vollständige Uebereinstimmung und die einzigen Differenzen, die ich gefunden habe, beschränken sich darauf, dass der Schwanz bei *Hemidactylus flavoviridis* Ruepp. noch beträchtlich stärker flachgedrückt, an den Seiten fast scharfkantig ist und der Rumpf etwas gestreckter erscheint, als bei *Hemidactylus Coctaei* D. et B. Da nun der *Hemidactylus flavoviridis* Ruepp. meines Wissens bisher nur in der Küstenstrecke von Abyssinien und bei Koseir am Rothen Meer gefunden worden ist, so könnte es leicht sein, dass wir es hier mit verschleppten Exemplaren von *Hemidactylus Coctaei* D. et B. zu thun haben, jedoch bedarf diese Vermuthung noch der Bestätigung und bis eine solche erfolgt, wird man beide in Rede stehenden Arten in Anbetracht des verschiedenen Fundorts und der oben angegebenen, freilich sehr geringfügigen und obendrauf noch vagen Differenzen als verschieden ansehen müssen.

### 50. Hemidactylus Bowringii Gray.

*Hemidactylus bowringii* Boulenger. Catal. I, p. 139, pl. XII, f. 2.

| | | |
|---|---|---|
| 655. | Pegu. | Hr. Cutter 1868. |
| 4181. | Sikkim. | Wiener Museum 1876. |
| 4182. | Sikkim. | Wiener Museum 1876. (3 Ex.) |
| 4776. | Fundort? | Hr. H. Schilling 1877. |

### 51. Hemidactylus Garnotii Dum. et Bibr.

*Hemidactylus garnotii* Boulenger. Catal. I, p. 141.

| | | |
|---|---|---|
| 630. | Fundort? | Kunstkammer. |

### 52. Hemidactylus platyurus Schneid.

*Hemidactylus platyurus* Boulenger. Catal. I, p. 143.

| | | |
|---|---|---|
| 636. | Philippinen. | Dr. Mertens 1829. |
| 637. | Philippinen. | Dr. Mertens 1829. |
| 638. | Philippinen. | Hr. Cumming 1843. |
| 3534. | Celebes. | Hr. Salmin 1872. (2 Ex.) |
| 4064. | Penang. | Wiener Museum 1875. (4 Ex.) |
| 4676. | Koeti (Borneo). | Hr. Salmin 1877. |
| 4934. | Bangkok. | Hr. Salmin 1878. |
| 5103. | Celebes. | Hr. S. Braconnier 1879. |
| 6413. | Penang. | Dr. E. Riebeck* 1885. (2 Ex.) |
| 6855. | Saigon. | Mag. J. Poljakew 1885. |

### 53. Ptyodactylus gecko Hasselq.

*Ptyodactylus lobatus* Boulenger. Catal. I, p. 110.

| | | |
|---|---|---|
| 657. Aegypten. | Hr. Keitel 1868. | |
| 658. Aegypten. | Hr. Keitel 1868. | |
| 4822. Koseir. | Dr. C. B. Klunzinger 1878. | |
| 4823. Koseir. | Dr. C. B. Klunzinger 1878. | |
| 4824. Koseir. | Dr. C. B. Klunzinger 1878. | |
| 5374. Batna. | Hr. Deyrolle 1879. | |

### 54. Uroplatus fimbriatus Schneid.

*Uroplates fimbriatus* Boulenger. Catal. I, p. 237.

| | |
|---|---|
| 659. Madagascar. | Pariser Museum. |
| 5398. Madagascar. | Hr. S. Bracounier 1879. |
| 5916. Marovare. | Hr. G. Schneider 1882. |
| 6013. Nossi-Bé. | Hr. G. Schneider 1883. |

### 55. Sphaerodactylus elegans Reinh. et Lütken.

*Sphaerodactylus elegans* Boulenger. Catal. I, p. 220.

| | |
|---|---|
| 821. Port-au-Prince. | Dr. Jaeger 1829. (5 Ex.) |
| 3392. Cuba. | Geber? |
| 7112. Cuba. | Hr. A. Boucard 1886. |

### 56. Sphaerodactylus punctatissimus Dum. et Bibr.

*Sphaerodactylus punctatissimus* Boulenger. Catal. I, p. 220

| | |
|---|---|
| 699. Port-au-Prince. | Dr. Jaeger 1829. |
| 700. Port-au-Prince. | Dr. Jaeger 1829. (2 Ex.) |

### 57. Sphaerodactylus glaucus Cope.

*Sphaerodactylus glaucus* Boulenger. Catal. I, p. 221, pl. XVIII, f. 3.

4292. Fundort? Hr. H. Schilling 1876.

### 58. Sphaerodactylus torquatus n. sp.

3268. Mazatlan. Hr. Salmin 1871. (3 Ex.)

Zunächst mit *Sphaerodactylus glaucus* Cope verwandt, mit dem er die kleinen, nicht gekielten Rumpfschuppen und das mässig grosse Rostralschild gemein hat, von dem er sich aber durch den viel gestreckteren Kopf, die gestrecktere, mehr zugespitzte Schnauze und die verschiedene Färbung und namentlich Zeichnung unterscheidet.

Die Schnauze unbedeutend länger, als der Zwischenraum zwischen Ohröffnung und Orbita. Die Ohröffnung klein und ausgesprochen horizontal gestellt. Das Rostrale von mässiger Grösse, genau so beschaffen, wie Boulenger es auf Tafel XVIII, Fig. 3 von *Sphaerodactylus glaucus* Cope abgebildet hat. Jederseits 6 Supralabialia, die letzten sehr klein. Das Mentale gross, bedeckt die Spitze des Unterkiefers und besitzt einen leicht bogenförmigen Hinterrand; zu jeder Seite desselben stehen 6 Infralabialia, von denen die 3 vorderen sehr gross, die 3 hinteren dagegen sehr klein sind. Zwei grosse neben einander liegende Submentalia und hinter denselben 3 etwas kleinere in einer Querreihe; hinter diesen letzteren noch 2 oder 3 Querreihen von Schildchen, die successive an Grösse ab-, an Convexität aber zunehmen und so allmählich in die Kornschuppen der Kehle übergehen. Das Augenlid hat in der Mitte seines Oberrandes einen kleinen, nach hinten gerichteten Dorn. Die Oberseite aller Theile mit kleinen flachen Schuppen bedeckt, die auf dem Hinterkopfe besonders klein, kornförmig sind. Die Kehlschuppen sind, wie schon bemerkt, klein und convex, die Bauchschuppen dagegen plan, etwa doppelt so gross, wie die Rückenschuppen, und dachziegelförmig gelagert.

Die Oberseite zeigt auf hellem bräunlichgelbem Grunde braune Vermiculationen, die auf dem Kopfe in der Längsachse des Thiers verlaufen, während sie auf dem Rumpfe mehr der Quere nach gerichtet sind. Die Oberseite des Halses ist mit einem weissen, breit schwarz gerandeten Halsbande versehen, d. h. es finden sich daselbst drei gleichbreite Querbinden, eine vordere schwarze, die vor der Schulter liegt, eine mittlere weisse, welche die Schulter berührt, und eine hintere schwarze, welche hinter der Schulter liegt und in die Achselhöhle herabsteigt. Der Schwanz ist bei den beiden grösseren Exemplaren reproducirt und erscheint fast einfarbig bräunlich gelb, da die braunen Vermiculationen daselbst nur andeutungsweise vorhanden und sehr vereinzelt sind. Bei dem kleinen Stück dagegen, dessen Schwanz viel länger und sehr dünn ausgezogen, also angenscheinlich nicht reproducirt ist, zeigt er in seinem Enddrittel ähnliche Zeichnungen, wie sie nach Boulenger bei *Sphaerodactylus glaucus* vorkommen. Die äusserste Spitze ist nämlich weiss, vor derselben findet sich ein breiter schwarzbrauner Ringel, dann folgt nach vorn ein schmaler weisser und darauf wieder ein breiterer braunschwarzer Ringel; vor diesem Ringel sieht man auf der Oberseite in gleichen Abständen noch mehrere weisse Flecken, die mehr oder weniger deutlich braun gesäumt sind und nach der Schwanzbasis zu immer undeutlicher werden. Die Unterseite aller Theile ist sehr hell bräunlichgelb.

**Maasse.** Totallänge 49 Mm.; Länge des Kopfes — 8 Mm.; des Rumpfes — 21 Mm.; des Schwanzes — 20 Mm. Bei dem kleinen Exemplar, dessen Schwanz, wie schon bemerkt, nicht reproducirt ist, beträgt die Länge dieses letzteren etwas mehr, als diejenige von Kopf und Rumpf zusammengenommen.

### 59. Sphaerodactylus Copei Steind.

*Sphaerodactylus copii* Boulenger. Catal. I, p. 225.

4780. Süd-Amerika? Hr. H. Schilling 1877. (2 Ex.)
5319. Cuba. Berliner Museum 1879.

Die 3 Exemplare, von denen das aus Cuba als *Sphaerodactylus notatus* Baird eingeschickt war, stimmen mit der von Dr. Steindachner gegebenen Beschreibung vollkommen überein, während sie von der Boulenger'schen Diagnose in so fern abweichen, als die Bauchschuppen auch nicht die geringste Spur eines Kieles zeigen.

### 60. Sphaerodactylus anthracinus Cope.

*Sphaerodactylus anthracinus* Boulenger. Catal. I, p. 225.

4781. Fundort? Hr. H. Schilling 1877. (3 Ex.)
7143. Cuba. Hr. A. Boucard 1886.

Unsere Exemplare sind noch bunter, als das Stück im British Museum, und zeigen auf hellem bräunlichem Grunde dunkelbraune Querbinden, die mit weissen, oft und ganz unregelmässig zu Querbinden zusammenfliessenden Flecken geziert sind. Solcher Binden finden sich auf dem Rumpfe im Ganzen drei, eine vor den Vorderextremitäten, eine vor oder fast über den Hinterextremitäten und die dritte genau in der Mitte zwischen den beiden genannten. Der Schwanz, dessen äusserste Spitze weiss ist, zeigt 5 oder 6 weisse, ziemlich breite Ringel, die sowohl am Vorder-, als auch am Hinterrande breit dunkelbraun gesäumt sind, und auch die Extremitäten erscheinen weiss und dunkelbraun gefleckt, stellenweise sogar mehr oder weniger deutlich quergebändert. Der Kopf ist sehr hell gefärbt und trägt auf dem Occiput eine weisse, dunkelbraun gesäumte Makel, die an Grösse dem Auge gleichkommt; ausserdem finden sich auf dem Kopfe noch 5 weisse Längslinien, 2 vordere, deren jede vom Nasenloch zum Auge zieht, 2 hintere, einander parallele, deren jede vom Hinterrande der Orbita zum Hinterkopfe zieht und etwas kürzer ist, als jede der vorderen, und endlich eine mittlere, die auf der Schnauze entspringt und auf dem Interorbitalspatium gegen die weisse Occipitalmakel zieht, ohne sie jedoch zu erreichen. Die Schläfen sind auch mit einigen, weniger scharf begrenzten weissen Makeln geziert, die sich auch auf den Hinterkopf fortsetzen und hier in eine bogenförmige Querreihe angeordnet sind. Bei 2 Exemplaren sind die Zeichnungen auf Rumpf und Schwanz sehr deutlich ausgeprägt, bei dem dritten, dem grössten, dagegen mehr verschwommen und da das Weiss im Leben möglicherweise blau war, so könnten wohl Exemplare vorkommen, die, wie das Cope'sche Originalstück, einfach auf dunkelem Grunde blau gefleckt sind. Das Exemplar aus Cuba, № 7143, weicht in der Zeichnung von den anderen etwas ab, indem bei demselben das Weiss in den queren Rumpfbinden an Ausdehnung gewonnen, an Intensität aber verloren hat, so dass der Rumpf mit 3 hellen, schwarz gerandeten Querbinden geziert ist. Ferner sind die weissen Flecken, welche bei den 3 anderen Stücken eine mehr oder weniger zusammenhängende halbmondförmige Figur auf dem Hinterkopfe bilden, hier gleichfalls zu einer hellen, schwarz gerandeten Binde zusammengeflossen und endlich fehlt demselben der helle, schwarz umrandete Occipitalfleck, da er mit der mittleren Längsbinde des Kopfes verschmolzen ist. Sämmtliche Zeichnungen auf Rumpf und Kopf sind sehr scharf ausgeprägt, dagegen zeigt der leider zur Hälfte abgebrochene Schwanz kaum Spuren einer Querbänderung.

Unser grösstes intactes Exemplar hat eine Totallänge von nur 52 Mm.

### 61. Phyllodactylus tuberculosus Wiegm.

*Phyllodactylus tuberculosus* Boulenger. Catal. I, p. 79.

| | | |
|---|---|---|
| 660. | Süd-Californien. | Hr. J. Wosnessensky 1846. |
| 2688. | Mazatlan. | Hr. Salmin 1870. |
| 2689. | Mazatlan. | Hr. Salmin 1870 (2 Ex.) |
| 2690. | Mazatlan. | Hr. Salmin 1870. (3 Ex.) |
| 4779. | Fundort? | Hr. H. Schilling 1877. |
| 4802. | Santa Martha. | Hr. H. Schilling 1877. |
| 6306. | Fundort? | Hr. Brandt 1840. |
| 6411. | Californien. | Hr. Umlauff 1885. |

### 62. Phyllodactylus pulcher Gray.

*Phyllodactylus pulcher* Boulenger. Catal. I, p. 80.

| | | |
|---|---|---|
| 661. | Fundort? | Kunstkammer. |

### 63. Phyllodactylus galapagensis Peters.

*Phyllodactylus galapagoensis* Boulenger. Catal. I, p. 82.

| | | |
|---|---|---|
| 3257. | Mazatlan. | Hr. Salmin 1871. |
| 4778. | Fundort? | Hr. H. Schilling 1877. |

Bei diesen beiden Exemplaren ist zwar die Erweiterung an den Zehenspitzen weniger stark, wie bei *Phyllodactylus tuberculosus* Wiegm., jedoch ist die Differenz im Ganzen nicht bedeutend. Der Grund, wesshalb ich dieselben zu *Phyllodactylus galapagensis* Ptrs. rechne, liegt daran, dass bei ihnen die Dorsaltuberkeln jederseits von der Rückenmitte 6 sehr reguläre Längsreihen bilden und die ganze Anordnung dieser Tuberkeln sehr an diejenige von *Gymnodactylus pelagicus* Girard erinnert, ein Umstand, den Boulenger als für die in Rede stehende Art besonders charakteristisch hervorhebt.

### 64. Phyllodactylus pictus Peters.

*Phyllodactylus pictus* Boulenger. Catal. I, p. 91.

1105. Madagascar.   Hr. Boucard 1869.

Durch ein Versehen von Seiten Boulenger's ist diese Art in seine zweite Gruppe, also unter die Arten mit gleichartiger Rückenbeschuppung gerathen, während er in der Beschreibung ganz richtig angiebt: Temples and upper surface of body, limbs and tail covered with small granular scales, intermixed with scattered, roundish, triangular, keeled tubercles etc». Sie gehört folglich in die erste Gruppe, welche durch eine «unequal lepidosis» charakterisirt ist, und zwar zu den Arten mit gekielten Dorsaltuberkeln.

### 65. Phyllodactylus porphyreus Dum. et Bibr.

*Phyllodactylus porphyreus* Boulenger. Catal. I, p. 87, pl. VII, f. 5.

665. Capland ?   Hr. Preiss 1842.
666. Capland ?   Hr. Preiss 1842. (4 Ex.)

Der Fundort unserer leider ziemlich schlecht erhaltenen Exemplare ist in so fern etwas unsicher, als ich dieselben in einem Glase fand, das die Aufschrift «Neu Holland. Preiss 1842» trug. Da sich jedoch in diesem Glase ausser australischen auch unzweifelhaft südafricanische Arten, wie z. B. *Cordylus griseus* D. et B., *Agama atra* Daud., *Bufo angusticeps* Smith, befanden, so ist es mehr als wahrscheinlich, dass auch die fraglichen *Geckonen* nicht aus Australien, sondern aus dem Caplande stammen, wo, wie mir mit Bestimmtheit bekannt ist, Preiss gleichfalls gesammelt hat.

### 66. Phyllodactylus marmoratus Gray.

*Phyllodactylus marmoratus* Boulenger. Catal. I, p. 88, pl. VII, f. 6.

667. Melbourne.       Hr. Niehoff 1862.
668. Melbourne.       Hr. Niehoff 1862.
6071. Süd-Australien.  Hr. G. Schneider 1883. (3 Ex.)
6432. Süd-Australien.  Dr. E. Riebeck* 1885. (3 Ex.)

### 67. Phyllodactylus affinis Boul.

*Phyllodactylus affinis* Boulenger. Catal. I, p. 89, pl. VII, f. 4.

6307. Melbourne.   Hr. Niehoff 1862.

### 68. Phyllodactylus europaeus Géné.

*Phyllodactylus europaeus* Boulenger. Catal. I, p. 90.

4186. Insel Tinetto.    Prof. Dr. Wiedersheim 1876.
6984. Insel Sardinien.  Linnaea 1886. (2 Ex.)

### 69. Diplodactylus spinigerus Gray.

*Diplodactylus spinigerus* Boulenger. Catal. I, p. 99.

| 5058. Queensland. | Museum Godeffroy 1878. |
|---|---|
| 6308. Australien. | Hr. Frank 1884. |
| 6309. Australien. | Hr. Frank 1884. |

### 70. Diplodactylus strophurus Dum. et Bibr.

*Diplodactylus strophurus* Boulenger. Catal. I, p. 100.

| 6070. Süd-Australien. | Hr. G. Schneider 1883. (2 Ex.) |
|---|---|
| 6433. Süd-Australien. | Dr. E. Riebeck 1885. |

Soweit ich nach den mir vorliegenden Exemplaren urtheilen kann, unterscheidet sich diese Art von dem ihr so nahe verwandten *Diplodactylus spinigerus* Gray auch dadurch, dass bei ihr die jederseitige Längsreihe von Dorsaltuberkeln weit hinauf auf den Nacken, fast bis an den Kopf geht, während sie bei jenem kaum bis an die Schultern reicht.

### 71. Diplodactylus vittatus Gray.

*Diplodactylus vittatus* Boulenger. Catal. I, p. 100, pl. VIII, f. 3.

| 663. Neu Holland. | Prof. Dr. Leuckart 1860. |
|---|---|
| 664. Rockhampton. | Museum Godeffroy 1868. |
| 2388. New South Wales. | Dr. Paessler 1863. |
| 6310. Australien. | Hr. Frank 1884. |

### 72. Diplodactylus polyophthalmus Günther.

*Diplodactylus polyophthalmus* Boulenger. Catal. I, p. 101, pl. VIII, f. 4.

| 3835. Australien. | Hr. Gerrard 1874. |
|---|---|

### 73. Oedura marmorata Gray.

*Oedura marmorata* Boulenger. Catal. I, p. 104, pl. IX, f. 2.

| 3869. Neu Holland. | Museum Godeffroy 1874. |
|---|---|

### 74. Oedura Tryoni De Vis.[1]

*Oedura ocellata* Boulenger. Catal. I, p. 105, pl. IX, f. 1.

| 662. Rockhampton. | Museum Godeffroy 1868. |
|---|---|
| 3636. Rockhampton. | Hr. Salmin 1873. |

---

[1] Nachdem Boulenger sich überzeugt hat, dass seine *Oedura ocellata* von De Vis, wenn auch mangelhaft, so doch kenntlich, unter dem Namen *Oedura Tryoni* beschrieben worden ist, und zwar bereits im Jahre 1884, so acceptirt er den letzteren Namen, dem die Priorität gebührt. Ann. and Mag. Nat. Hist. 5 ser. XVI (1885), p. 387.

3876. Port Bowen.   Museum Godeffroy 1874.
3877. Port Bowen.   Museum Godeffroy 1874.
1272. Australien.   Hr. H. Schilling 1876.

### 75. Oedura robusta Boul.

*Oedura robusta* Boulenger. Catal. I, p. 106, pl. X, f. 1.

5057. Queensland.  Museum Godeffroy 1878.

### 76. Oedura Lesueurii Dum. et Bibr.

*Oedura lesueurii* Boulenger. Catal. I, p. 107, pl. X, f. 2.

3836. Australien.   Hr. Gerrard 1874.
6311. Queensland.  Museum Godeffroy 1878.

### 77. Heteronota Derbyana Gray.

*Heteronota derbiana* Boulenger. Catal. I, p. 75.

669. Rockhampton.  Museum Godeffroy 1868.
3633. Rockhampton. Hr. Salmin 1873. (2 Ex.)

## Gattung **Cnemaspis** m.

Von κνήμη, Unterschenkel, und ἀσπίς, Schild.

Finger und Zehen nicht erweitert, an den Seiten nicht gefranzt, an der Unterseite mit glatten Querlamellen bekleidet und sämmtlich krallentragend. Das Basalglied derselben cylindrisch, die distalen deutlich comprimirt und gegen das erstere winklig abgesetzt. Die Klauen zwischen 2 Schildern, von denen das untere gross und rinnenförmig gestaltet ist. Die Innenseite der Unterschenkel mit einer Längsreihe von grossen, in die Quere gezogenen, flachen Schildern bekleidet. Der Körper flachgedrückt, auf der Oberseite mit feinen Kornschuppen und dazwischen gestreuten grössern Tuberkeln, auf der Unterseite mit imbricaten Schuppen bekleidet. Der Schwanz lang, zugespitzt und deutlich flachgedrückt. Das Augenlid circulär; die Pupille allem Anscheine nach rund. Bei den Männchen wahrscheinlich Praeanalporen vorhanden.

Das Hauptmerkmal dieser neuen Gattung, welche der Gattung *Gonatodes* Fitz. am nächsten verwandt ist, besteht in der Bekleidung der Innenseite der Unterschenkel mit flachen grossen Schildern, welche in Form und Anordnung den Tibialschildern der *Lacertiden* gleichen und meines Wissens bisher bei keinem *Geckoniden* beobachtet worden sind.

### 78. Cnemaspis Boulengerii n. sp. Fig. 7, 8 u. 9.
5407. Insel Poulo Condor. Hr. S. Braconnier 1879.

Der Kopf im Verhältniss zum Körper klein, lang und schmal, etwa um die Hälfte länger, als an den Schläfen breit. Die Schnauze bedeutend länger, als die Distanz zwischen Ohröffnung und Orbita, etwa um die Hälfte länger, als der Durchmesser der Orbita, dabei stumpf zugerundet, flachgedrückt und mit einer sehr deutlichen Längsgrube auf der Mitte, die sich über das Interorbitalspatium auf den Hinterkopf fortsetzt und dort eine etwa rhombische, sehr deutliche Vertiefung bildet. Die Ohröffnung klein, ungefähr dreieckig und vertical gestellt. Das Rostrale niedrig, etwa doppelt so breit wie hoch und mit einer deutlichen Längsspalte am Hinterrande. Jederseits von ihm stehen 10 Supralabialia, von denen die vorderen langgestreckt, die 3 hinteren aber sehr kurz, fast kornförmig sind. Das Nasenloch rund, subvertical, liegt zwischen dem Rostrale, dem ersten Supralabiale und 4 besonderen Nasalschildern, von denen das innerste am grössten ist und mit dem der anderen Seite in Berührung steht. Das Auge mässig gross mit circulärem Augenlide und, wie es scheint, runder Pupille, jedoch lässt sich die Form dieser letzteren nicht mit Bestimmtheit angeben, da die Cornea sehr stark getrübt ist. Das Mentale von enormer Grösse, erinnert an ein gleichschenkliges Dreieck mit bogenförmig gekrümmter Basis und gerade abgestutzter, nach hinten gekehrter Spitze. Zu jeder Seite von ihm stehen 8 oder 9 Infralabialia, von denen die letzten, wie gewöhnlich, sehr klein sind. Submentalia sind in der Zahl 5 vorhanden, ein unpaares kleines, das genau an der abgestutzten Spitze des Mentale liegt, und zwei paarige, von denen das jederseitige innere sehr gross ist und die Spitze des Mentale nach hinten überragt, während das äussere klein erscheint und etwa dreimal so gross ist, wie das vorhin erwähnte unpaare. Der Rumpf ist schlank und deutlich abgeflacht, die Extremitäten verhältnissmässig recht lang, denn die hinteren nach vorn gekehrt und an den Leib angedrückt, erreichen fast die Ohröffnung und die vorderen, ebenso behandelt, überragen die Schnauze. Der Schwanz lang, sehr stark zugespitzt und an der Basis sehr deutlich flachgedrückt. Die Oberseite aller Theile ist mit feinen convexen Kornschuppen bekleidet, zwischen denen auf dem Rumpfe runde gewölbte Tuberkeln stehen, die etwa doppelt so gross sind, wie die sie umgebenden Kornschuppen. Auf dem Rücken bilden diese Tuberkeln sehr unregelmässige Längsreihen und stehen auch ziemlich weit von einander entfernt, indem gewöhnlich zwischen 2 benachbarten Tuberkeln 3, 4 oder selbst 5 Kornschuppen liegen. Nur auf dem Nacken sind sie an 2 Stellen dichter gestellt und in deutliche Reihen angeordnet: so findet sich jederseits eine solche Reihe, die etwa über der Ohröffnung beginnt und in leichtem, mit der Convexität nach innen gerichtetem Bogen nach hinten und innen auf den Nacken zieht, ohne jedoch mit der entsprechenden der anderen Seite zusammenzutreffen, und eine ganz ähnliche, aber gerade Reihe liegt schräge vor jeder Schulter. Auf dem Kopfe fehlen die Tuberkeln ganz und die Schuppen auf dem Hinterkopfe sind kleiner, als diejenigen auf der Schnauze. Auch die Extremitäten sind auf der Oberseite mit durchaus gleichen Kornschuppen bekleidet, ohne ein Spur von Tuberkeln. Die Kehlschuppen sind klein, flach und neben einander liegend, die Bauchschuppen etwa doppelt so gross und leicht imbricat. Die Unterseite der Extremitäten ist mit flachen Schuppen bekleidet, bis auf die Unterschenkel, welche, wie schon bemerkt, eine Längsreihe von 6 grossen flachen, in die Quere gezogenen Schildern zeigen. Femoral- und Pracanalporen fehlen ganz, jedoch sind die Schuppen in der Gegend, wo die Pracanalporen zu sitzen pflegen, in der Mitte mit einer sehr seichten, kaum bemerkbaren Vertiefung versehen, woraus ich darauf schliessen zu können glaube, dass bei den Männchen Pracanalporen vorhanden sein werden. Der Schwanz, der an der Basis ziemlich breit und sehr abgeflacht ist, läuft in eine lange dünne Spitze aus und ist in seinem basalen Drittel in regelmässige Querringel eingetheilt, von denen jeder an der Oberseite mit 10—11 Querreihen von flachen Schuppen bekleidet ist und ausserdem noch jederseits einen grösseren schwach convexen Tuberkel zeigt; diese Tuberkeln stehen am Hinterrande der Ringel und bilden jederseits zusammen eine reguläre Längsreihe. Die beiden distalen Drittel des Schwanzes scheinen reproducirt zu sein und sind oben mit flachen Schuppen bekleidet. Die Unterseite des Schwanzes ist anfänglich einfach beschuppt und darauf mit einer Längsreihe breiter Querschilder bekleidet, die sich auch auf die Unterseite des reproducirten Theils fortsetzen.

Oben bräunlichgrau, unten schmutzig weisslichgrau und einfarbig, nur auf dem Nacken und auf der vorderen Rückenhälfte finden sich einige ziemlich grosse tief schwarze Makeln von rundlicher oder länglicher Form; dieselben sind, wie folgt, vertheilt: gleich hinter dem Kopfe auf der Mitte des Nackens stehen 2 Makeln, hinter diesen folgt eine bogenförmige Querreihe von 4 ähnlichen und hinter diesen noch eine $2^{te}$ gleichfalls bogenförmige Querreihe von 7 etwas in die Länge gezogenen, von denen die jederseitige äusserste gerade vor der Schulter steht und die andern an Grösse übertrifft. Kurz vor der Mitte des Rückens endlich stehen noch 3 solcher Makeln in einer Querreihe.

**Maasse.** Totallänge des Thieres — 152 Mm.; Länge des Kopfes 16 Mm., des Rumpfes 46 Mm., des Schwanzes 90 Mm.

### 79. Gonatodes albogularis Dum. et Bibr.

*Gonatodes albogularis* Boulenger. Catal. I, p. 59.

702. Cuba. Berliner Museum 1868. (2 Ex.)
703. Cuba. Berliner Museum 1868. (2 Ex.)

### 80. Gonatodes caudiscutatus Günther.

*Gonatodes caudiscutatus* Boulenger. Catal. I, p. 61, pl. V, f. 2.

716. Guayaquil. Berliner Museum 1868.
3596. Bogota. Baron v. Nolcken 1872.
4775. Fundort ? Hr. H. Schilling 1877.
6200. Yurimaguas. Dr. O. Staudinger 1883.

### 81. Gonatodes humeralis Guichen.

*Gonatodes humeralis* Boulenger. Catal. I, p. 62, pl. V, f. 3.

6005. Pebas am obern Amazonas. Dr. O. Staudinger 1883. (4 Ex.)
6006. Pebas am obern Amazonas. Dr. O. Staudinger 1883. (3 Ex.)

Bei unseren 4 Männchen (№ 6005) ist die helle hufeisenförmige Binde auf dem Hinterkopfe, die auch Guichenot in seiner Figur angiebt, deren Boulenger aber nicht gedenkt, mehr oder weniger scharf und deutlich ausgebildet und von bläulicher Farbe.

### 82. Gonatodes indicus Gray.

*Gonatodes indicus* Boulenger. Catal. I, p. 64, pl. VI, f. 1.

705. Pegu.  Hr. Cutter 1868.
5631. Neelgherries.  British Museum 1880. (2 Ex.)

### 83. Gonatodes wynadensis Beddome.

*Gonatodes wynadensis* Boulenger. Catal. I, p. 65, pl. VI, f. 2.

5626. Wynaad.  British Museum 1880. (2 Ex.)

### 84. Gonatodes ornatus Bedd.

*Gonatodes ornatus* Boulenger. Catal. I, p. 66, pl. VI, f. 3.

6943. Tinevelly.  British Museum 1886.

### 85. Gonatodes marmoratus Bedd.

*Gonatodes marmoratus* Boulenger. Catal. I, p. 67, pl. VI. f. 4.

6946. Travancore.  British Museum 1886.

### 86. Gonatodes kandianus Kelaart.

*Gonatodes kandianus* Boulenger. Catal. I, p. 68.

3791. Ceylon.  Hr. Gerrard 1874.
5614. Ceylon.  British Museum 1880. (3 Ex.)
6396. Ceylon.  Dr. E. Riebeck* 1885. (2 Ex.)

### 87. Gonatodes gracilis Bedd.

*Gonatodes gracilis* Boulenger. Catal. I, p. 70, pl. VI, f. 5.

5311. Ceylon.  Berliner Museum 1879.
6312. Ceylon.  British Museum 1880.

## 88. Gonatodes Jerdonii Theob.

*Gonatodes jerdonii* Boulenger. Catal. I, p. 71.

3419. Ceylon. British Museum 1872.

## 89. Gonatodes littoralis Jerdon.

*Gonatodes littoralis* Boulenger. Catal. I, p. 71, pl. VI, f. 6.

5630. Malabar. British Museum 1880.

## 90. Pristurus flavipunctatus Rupp.

*Pristurus flavipunctatus* Boulenger. Catal. I, p. 52.

704. Fundort? Hr. Parreyss 1839.
2839. Abyssinien? Hr. J. Erber 1870.

## 91. Pristurus rupestris Blauf.

*Pristurus rupestris* Boulenger. Catal. I, p. 53.

6947. Insel Socotra. British Museum 1886.

## 92. Gymnodactylus caspius Eichw.

*Gymnodactylus caspius* Boulenger. Catal. I, p. 26.

| | |
|---|---|
| 2940. Krasnowodsk. | Dr. G. Radde 1870. |
| 3181. Baku. | Hr. E. Ménétries 1830. |
| 3182. Baku. | Hr. E. Ménétries 1830. |
| 3183. Ostufer des Kaspischen Meeres. | Hr. Karelin 1837. |
| 3184. Ostufer des Kaspischen Meeres. | Hr. Karelin 1837. |
| 3185. Ostufer des Kaspischen Meeres. | Hr. Karelin 1837. |
| 3186. Nowo-Alexandrowsk. | Dr. A. Lehmann 1842. |
| 3187. Nowo-Alexandrowsk? | Dr. A. Lehmann 1842. |
| 3188. Ostufer des Kaspischen Meeres. | Dr. N. Sewerzow 1859. |
| 3189. Baku. | Mag. A. Goebel 1864. |
| 3190. Krasnowodsk. | Mag. A. Goebel 1866. |
| 3191. Dardsha. | Mag. A. Goebel 1866. |
| 3652. Kisyl-Arwat. | Dr. G. Sievers * 1873. |
| 3653. Krasnowodsk. | Dr. G. Sievers * 1873. |
| 4039. Baku. | Dr. O. von Grimm * 1875. |
| 5234. Mangyschlak. | Dr. M. Bogdanow * 1878. (2 Ex.) |
| 6313. Baku. | Dr. O. von Grimm * 1875. (2 Ex.) |
| 6460. Bami. | Hr. Zarudny 1885. |
| 6461. Tschuli am Kargyssu. | Hr. Zarudny 1885. |
| 6530. Ak-Kala bei Astrabad. | Hr. A. Nikolsky 1885. (3 Ex.) |

Zu der vortrefflichen Charakteristik, die Boulenger von dieser Art gegeben hat, möchte ich noch hinzufügen, dass die Zahl der Poren bei den Männchen nach meinen Erfahrungen stets mehr als 20 beträgt. Unter den 62 Exemplaren, die ich von dieser Art sowohl in der akademischen, als auch in der Sammlung der hiesigen Universität zu untersuchen Gelegenheit gehabt habe, befanden sich 36 Männchen, von denen die meisten 26—27 Poren besassen. Ueberhaupt schwankte die Zahl der Poren zwischen 23 und 30, und zwar habe ich einmal 23, fünfmal 24, dreimal 25, neunmal 26, achtmal 27, fünfmal 28, dreimal 29 und zweimal 30 Poren gezählt. Das Minimum von 23 Poren fand ich an einem aus dem Kaukasus, ohne genauere Bezeichnung des Fundortes, stammenden Exemplar der Universitäts-Sammlung (№ 299), das Maximum von 30 Poren zeigten die Exemplare № 2940 und 3652 der akademischen Sammlung. Alsdann möchte ich noch bemerken, dass die dunklen Querbinden auf der Oberseite des Thieres keineswegs immer «rather indistinct» sind, sondern im Gegentheil bei der Mehrzahl der Exemplare sehr deutlich und gewöhnlich auch recht scharf begrenzt erscheinen.

Sämmtliche Exemplare der akademischen Sammlung stammen aus den Ufergegenden des kaspischen Meeres, die Sammlung der hiesigen Universität jedoch besitzt auch 2 Stücke, die Hr. Alenizin auf der Insel Kug-Aral im Aralsee erbeutet hat, und ein von Dr. M. N. Bogdanow bei der Stadt Chiwa gefangenes junges Weibchen. Weiter nach Osten scheint *Gymnodactylus caspius* nicht mehr vorzukommen, denn die von Dr. Sewerzow unter diesem Namen aufgeführten Exemplare aus Turkestan gehören einer zwar nahe verwandten, aber doch verschiedenen Art, dem *Gymnodactylus Fedtschenkoi*, an.

### 93. Gymnodactylus Fedtschenkoi n. sp.

3387. Samarkand. Russische Entomologische Gesellschaft 1871. (2 Ex.)
5039. Samarkand. Hr. V. Russow 1874. (2 Ex.)
6354. Samarkand. Hr. V. Russow 1874.
6355. Samarkand. Hr. V. Russow 1874. (1 Ex.)
6479. Ost-Buchara. Dr. A. Regel 1885.

Trotz der frappanten Aehnlichkeit, welche zwischen dieser Art und dem *Gymnodactylus caspius* Eichw. sowohl in der Form, als auch namentlich in der Färbung und Zeichnung besteht, lassen sich beide doch für alle Fälle mit Sicherheit durch folgende 4 Merkmale leicht von einander unterscheiden. 1) Die Tuberkeln auf dem Nacken, dem Hinterhaupt und den Schläfen sind bei der in Rede stehenden Art nicht bloss weniger dicht gestellt, sondern auch rund und einfach gewölbt, während sie bei der kaspischen Art deutlich triedrisch erscheinen und dabei so dicht gedrängt stehen, dass man die kleinen flachen Kornschuppen, mit denen sie untermischt sind, nur hin und wieder sieht. 2) Die Dorsaltuberkeln der neuen Art sind kleiner, nicht so dicht gedrängt und sehr deutlich gekielt, aber nur schwach triedrisch. 3) Die Bauchschuppen sind gleichfalls kleiner und bilden an der breitesten Stelle des

Bauches 30—32 Längsreihen, während sie bei der kaspischen Art an der gleichen Stelle in 26—28 Längsreihen angeordnet sind. 4) Endlich besitzen die Männchen zahlreichere Schenkelporen, denn während bei der kaspischen Art, wie ich soeben gezeigt habe, die Zahl dieser Organe gewöhnlich 26—27 beträgt und nur ausnahmsweise bis auf 30 steigt, zeigten alle 8 Männchen, welche ich von *Gymnodactylus Fedtschenkoi* untersucht habe, 34—37 Poren, und zwar fand ich dreimal 34, einmal 35, zweimal 36 und gleichfalls zweimal 37. Ausser den obenangeführten 10 Exemplaren der akademischen Sammlung habe ich in der Ausbeute des leider zu früh verstorbenen A. P. Fedtschenko noch 6 Exemplare untersucht, von denen 2 im Sarafschan-Thale, die übrigen 4 aber in der Stadt Samarkand selbst, und zwar im Zimmer, gefangen worden sind. Ob diese Art noch weiter nach Osten vorkommt, kann ich zwar nicht mit Bestimmtheit behaupten, glaube aber, dass die von Theobald im Punjab gefangenen und von Blyth[1]) als *Gymnodactylus geckoides* erwähnten Exemplare, wenn sie nicht einer selbstständigen Art angehören, nicht wie Stoliczka[2]) vermuthet, zu *Gymnodactylus caspius* Eichw., sondern zu *Gymnodactylus Fedtschenkoi* zu rechnen sein werden, wofür namentlich die Zahl der Poren spricht, die nach Stoliczka 32—34 betragen soll. Da alle diese Punjab-Exemplare etwas vertrocknet (shrunk) waren, so wird wohl die Angabe, dass bei ihnen die Bauchschuppen nur 18—20 Längsreihen bilden, nicht genau sein, zumal Stoliczka selbst bemerkt, dass neben den Bauchschuppen jederseits noch mehrere Längsreihen kleiner Schuppen vorhanden sind. Hiernach würden also die Punjab-Exemplare in der Zahl der Poren, also gerade in einem derjenigen Charaktere mit *Gymnodactylus Fedtschenkoi* übereinstimmen, durch welche sich dieser letztere hauptsächlich von *Gymnodactylus caspius* Eichw. unterscheidet, und es dürfte daher wohl kaum einem Zweifel unterliegen, dass dieselben, falls sie keine besondere Species bilden, zu ersterer und nicht zu letzterer Art gehören, zu welcher sie von Stoliczka und nach ihm von Boulenger gestellt worden sind.

### 94. Gymnodactylus scaber Rüppell.

*Gymnodactylus scaber* Boulenger. Catal. I, p. 27.

| | | |
|---|---|---|
| 2820. Cairo. | Hr. J. Erber 1870. | |
| 3696. Aegypten. | Berliner Museum 1869. (2 Ex.) | |
| 4825. Koseir. | Dr. C. B. Klunzinger 1878. (3 Ex.) | |

### 95. Gymnodactylus Kotschyi Steindachner.

*Gymnodactylus kotschyi* Boulenger. Catal. I, p. 29.

| | | |
|---|---|---|
| 2824. Insel Syra. | Hr. J. Erber 1870. (5 Ex.) | |
| 2825. Insel Syra. | Hr. J. Erber 1870. (6 Ex.) | |
| 2826. Insel Syra. | Hr. J. Erber 1870. | |
| 2977. Morea. | Hr. R. Effeldt 1870. | |
| 6314. Insel Cypern. | Hr. Parreyss 1842. | |

---

1) Journ. Asiat. Soc. of Bengal XXII, p. 410.  |  2) Proc. Asiat. Soc. of Bengal 1872, p. 80, footnote.

Schreiber[1] bemerkt, dass bei dieser Art die Männchen äusserst selten sind, da er unter 50—60 Weibchen erst ein Männchen gefunden habe, und ich kann diese Angabe gleichfalls bestätigen, denn unter den 14 Exemplaren unseres Museums ist nur 1 einziges Männchen vorhanden, nämlich № 2977, die 12 Stücke aus Syra sind sämmtlich weiblichen Geschlechts.

### 96. Gymnodactylus Danilewskii n. sp.

| | | |
|---|---|---|
| 3688. Jalta in der Krym. | Hr. Danilewsky* 1868. | |
| 6353. Sud Ufer der Krym. | Mag. Th. Koeppen* 1884. | |
| 6542. Krym? | Oberst A. Kuschakewitsch 1863. | |

Diese neue Art ist dem *Gymnodactylus Kotschyi* Steind. zwar sehr nahe verwandt, unterscheidet sich von demselben aber durch den Besitz einer seitlichen Hautfalte, welche jederseits am Rumpfe zwischen den Vorder- und Hinterextremitäten verläuft und genau so beschaffen ist, wie die Hautfalte bei *Gehyra vorax* Gir.; ferner ist bei der neuen Art die Unterseite des Schwanzes nicht, wie bei *Gymnodactylus Kotschyi* Steind., mit einer Längsreihe breiter Querschilder, sondern mit kleinen dachziegelförmig gelagerten Schuppen bekleidet, alsdann sind die Tuberkeln des Rückens etwas kleiner und dabei convexer, d. h. stärker dachförmig erhoben, bilden aber ebenfalls 12 ganz reguläre Längsreihen, in deren jeder die einzelnen Tuberkeln einander an Grösse gleich sind. Endlich besitzen die Männchen 6 Praeanalporen, die in einer schwach bogenförmigen Querreihe stehen. Sonst stimmt *Gymnodactylus Danilewskii* in allen anderen Beziehungen mit *Gymnodactylus Kotschyi* Steind. überein und zeigt auch nahezu dieselbe Färbung und Zeichnung, indem er auf bräunlichgrauem Grunde dunkelbraune, winklig geknickte, mit der Spitze nach hinten gerichtete Querbinden (Chevrons) auf Rumpf und Schwanz besitzt. Von *Gymnodactylus Russowii*, mit dem die in Rede stehende Art in der Bekleidung der unteren Schwanzfläche übereinstimmt, unterscheidet sie sich durch den Besitz der Hautfalte an den Rumpfseiten, durch die kleineren, aber unter einander gleichgrossen Rückentuberkeln und durch die Submentalschilder, welche genau so beschaffen sind, wie bei *Gymnodactylus Kotschyi* Steind.

**Maasse.** Totallänge des Thieres — 79 Mm.; Länge des Kopfes 11 Mm., des Rumpfes 32 Mm., des Schwanzes 36 Mm.

Ich habe diese Art, von der mir bisher nur 2 Männchen und ein ganz junges Weibchen (№ 6542) bekannt geworden sind, dem kürzlich in Tiflis verstorbenen, um unser Fischereiwesen hochverdienten Wirkl. Staatsrath Danilewsky gewidmet, der das eine unserer Exemplare aus Jalta mitgebracht hat, wo es in einer Branntweinschenke (Kabak) gefangen worden ist.

---

1) Schreiber. Herpetologia europaea p. 482.

## 97. Gymnodactylus Russowii n. sp. Fig. 10, 11 u. 12.

| | |
|---|---|
| 3658. Nowo Alexandrowsk. | Dr. A. Lehmann 1842. (2 Ex.) |
| 3659. Nowo Alexandrowsk? | Dr. A. Lehmann 1842. |
| 3660. Nowo Alexandrowsk? | Dr. A. Lehmann 1842. |
| 3700. Chodshent. | Dr. N. Sewerzow 1873. (3 Ex.) |
| 3701. Chodshent. | Dr. N. Sewerzow 1873. (2 Ex.) |
| 4192. Mangyschlak. | Akad. C. E. von Baer 1854. |
| 4193. Mursa-Robat. | Oberst A. Kuschakewitsch 1870. (6 Ex.) |
| 4194. Chodshent. | Oberst A. Kuschakewitsch 1870. |
| 4195. Mohol-Tau. | Oberst A. Kuschakewitsch 1870. (5 Ex.) |
| 4310. Tschimkent. | Dr. N. Sewerzow 1876. (2 Ex.) |
| 5037. Brunnen Abadehir (Mangyschlak). | Mag. A. Goebel 1864. |
| 5197. Tchinas. | Hr. V. Russow 1878. (6 -+- Ex.) |
| 5201. Saamin. | Hr. V. Russow 1878. |
| 5218. Wüste Golodnaja. | Hr. V. Russow 1878. |
| 5224. Utsch-Kurgan am Naryn. | Stud. M. von Middendorff* 1878. |
| 5800. Chark-Usjur. | Hr. S. Alpheraky* 1881. (2 Ex.) |

Nach einem vor einigen Jahren angestellten genauen Vergleiche dieser Art mit *Gymnodactylus Kotschyi* Steind. stellte es sich heraus, dass beide specifisch verschieden sind, und so belegte ich denn diese neue Form mit dem Namen *Gymnodactylus Russowii*, zum Andenken an unseren unvergesslichen Conservator Valerian Russow, der auf seiner turkestanischen Reise neben vielen anderen höchst interessanten Reptilien auch diese Art, und zwar in Hunderten von Exemplaren, gesammelt hatte. Bei der neuerdings vorgenommenen Revision unserer *Geckoniden* fand ich jedoch, dass *Gymnodactylus Russowii* in allen wesentlichen Puncten mit der Beschreibung von *Gymnodactylus kachhensis* Stol. übereinstimmt, und da unsere Sammlung diese letztere Art leider nicht besitzt, so sandte ich, um ganz sicher zu gehen, ein Dutzend Exemplare der turkestanischen Art in beiden Geschlechtern an Herrn Boulenger nach London mit der Bitte, dieselben mit Exemplaren des *Gymnodactylus kachhensis* Stol. zu vergleichen und mir, falls beide Arten nicht identisch wären, auch mitzutheilen, worin die Unterschiede beständen. Herr Boulenger ist nun so freundlich gewesen, diesen Vergleich vorzunehmen, und schreibt mir darüber folgendes: «Les différences entre cette forme et *G. kachhensis* sont, comme vous le présumez, très faibles. Néanmoins je serais porté à leur accorder une importance spécifique. *G. Russowii* comparé à *G. kachhensis* a les écailles ventrales un tant soit peu plus petites, la mentale proprement dite plus courte et les autres mentonnières plus petites ou indistinctes; les tubercules dorsaux disposés moins regulièrement, et d'ordinaire plus petits; les tubercules caudaux plus pointus (comme chez le *G. Kotschyi*)». So unbedeutend diese Differenzen auch sind, so glaube ich mich doch der Ansicht Boulenger's anschliessen zu müssen und gebe hier eine Beschreibung der turkestanischen Art.

Der mässig grosse Kopf ist etwa um die Hälfte länger, als an den Schläfen breit und dabei beträgt seine Höhe wenig mehr, als die Distanz zwischen der Schnauzenspitze und dem Vorderrande des Augapfels. Die Schnauze ist etwas länger, als der Abstand zwischen dem Hinterrande der Orbita und dem Vorderrande der Ohröffnung und übertrifft den Durchmesser der Orbita etwa um ein Fünftel an Länge. Das Auge mässig gross, das Interorbitalspatium sehr schwach ausgehöhlt und die Schnauze von rechts nach links sehr deutlich gewölbt, von hinten nach vorn abschüssig, aber gar nicht, oder nur sehr wenig ausgehöhlt. Die Ohröffnung, von mässiger Grösse, bildet eine fast senkrechte Spalte, die etwas mehr als doppelt so hoch wie breit ist; über und hinter der Ohröffnung einige stärker vorragende Tuberkeln. Der Rumpf von mässiger Länge und gewöhnlicher Form, die Extremitäten ziemlich lang, denn die vorderen, nach vorn gestreckt und an den Rumpf angedrückt, überragen etwas die Schnauze und die hinteren, ebenso behandelt, reichen etwas über die Schulter hinaus. Die Finger und Zehen von gewöhnlicher Form und Länge, nur sind die distalen Phalangen sehr schwach comprimirt, wesshalb auch die proximalen kaum erweitert erscheinen. Der Schwanz lang, länger als Kopf und Rumpf zusammengenommen, dabei cyclotetragon, sehr schwach deprimirt, auf der Oberseite mit Querreihen von Dorntuberkeln besetzt, die genau denen des *Gymnodactylus Kotschyi* gleichen, auf der Unterseite mit irregulären, einander dachziegelförmig deckenden, kleinen Schuppen bekleidet. Die Schnauze auf der Oberseite mit stark gewölbten, ziemlich grossen Tuberkeln gedeckt, das Interorbitalspatium und das Hinterhaupt dagegen mit sehr kleinen, polygonalen, schwach gewölbten Schüppchen bekleidet, zwischen denen grössere, conisch zugespitzte Tuberkeln stehen. Jederseits 8—9 Supralabialia, die nach hinten successive an Grösse abnehmen. Das Rostrale etwas breiter als hoch, zeigt in der Mitte seines Oberrandes eine Längsspalte, die sich bis über die Hälfte des Schildes erstreckt. Das Nasenloch ist klein und liegt zwischen dem Rostrale, dem ersten Supralabiale und drei Tuberkeln. Das Mentale gross, dreieckig und unter den Submentalen höchstens die beiden am Mentale zunächst liegenden Schildchen etwas grösser, die übrigen klein und irregulär. Die Kehlschuppen klein, aber doch beträchtlich grösser, als die Schuppen auf der Oberseite des Hinterkopfes. Der Rumpf auf der Oberseite mit kleinen flachen Schuppen bekleidet, zwischen denen sich 10—12 Längsreihen ziemlich grosser, subtriedrischer Tuberkeln befinden; die Reihen verlaufen zwar ziemlich regelmässig, jedoch besteht jede derselben aus verschieden grossen Tuberkeln, die mit einander alterniren und von denen die kleineren kaum halb so gross sind, wie die grösseren. Die Extremitäten zeigen auf der Oberseite zwischen den kleinen flachen Schuppen ganz ähnliche Tuberkeln, die aber meist nur vereinzelt stehen und auf den Vorderextremitäten weniger stark ausgeprägt sind, als auf den hinteren. Die Unterseite des Rumpfes und der Extremitäten ist mit dachziegelförmig gelagerten Schuppen bekleidet, die beträchtlich grösser sind, als die Schuppen der Oberseite und von denen auf dem Bauche an der breitesten Stelle etwa 30 in einer Querreihe stehen. Die Männchen besitzen 2—4 Praeanalporen. Die Oberseite aller Theile ist entweder aschgrau, oder mehr bräunlichgrau und zeigt auf dem Rumpfe mehr oder weniger deutliche dunklere Querbinden, die gewöhnlich nach hinten gerichtete Chevrons bilden; ebenso finden sich gewöhnlich auch auf dem Schwanze mehr oder weniger deutliche Querbinden und auf dem Kopfe lassen sich ausser der meist recht deutlichen Temporalbinde, die vom Hinterrande der Orbita zum Oberrande der Ohrspalte zieht, noch einige dunklere Makeln wahrnehmen, die aber weder in Zahl, noch in Form, noch in Stellung constant sind. Die Unterseite aller Theile ist schmutzig weiss und einfarbig.

Maasse. Totallänge des Thieres — 108 Mm.; Länge des Kopfes 15 Mm., des Rumpfes 33 Mm., des Schwanzes 60 Mm.

### 98. Gymnodactylus mauritanicus Dum. et Bibr.

*Gymnodactylus mauritanicus* Boulenger. Catal. I, p. 33.

701. Fundort? Kunstkammer. (2 Ex.)

Beide Exemplare sind zwar leidlich erhalten, aber absolut farblos und lassen auch keine Spur der einstmals vorhanden gewesenen Zeichnungen wahrnehmen.

### 99. Gymnodactylus geckoides Spix.

*Gymnodactylus geckoides* Boulenger. Catal. I, p. 39.

707. Bahia. Hr. Luschnath 1840.

Bekanntlich haben die Verfasser der Erpétologie générale diese von Spix ebenso mangelhaft beschriebene, wie abgebildete Art als fragliches Synonym zu *Gymnodactylus scaber* gezogen und Peters hat nach Untersuchung des Originalexemplars in München gleichfalls erklärt, dass dasselbe zu der circummediterranen Form gehöre, ohne jedoch ausdrücklich anzugeben, ob zu *Gymnodactylus scaber* oder zu *Gymnodactylus Kotschyi*. Nun ist es allerdings bekannt, dass in der Spix'schen Ausbeute in Bezug auf die Fundorte Confusion vorgekommen ist, und dass europäische Arten, wie z. B. *Coelopeltis lacertina*, als brasilianischen Ursprungs angegeben worden sind. Es lag daher die Vermuthung nahe, dass auch sein *Gymnodactylus geckoides* nicht aus Brasilien stammen könne, nur blieb es immerhin räthselhaft, wo Spix diese Eidechse erbeutet haben könnte, da die Expedition keines der Länder berührt hat, wo *Gymnodactylus scaber* und *Gymnodactylus Kotschyi* einheimisch sind. Ich glaube daher, trotz allen Respects vor den Kenntnissen und dem geübten Blicke des verstorbenen Peters, dass er sich geirrt hat, und stimme Herrn Boulenger durchaus bei, wenn er den Spix'schen *Gymnodactylus geckoides* als brasilianische Art restituirt, zumal die Angabe bei Spix «squamis abdominalibus piscinis sive scincoideis» ganz vortrefflich auf die ganz auffallend grossen Bauchschuppen der brasilianischen Art passt, ja viel besser, als auf die durch ihre Grösse bei Weitem nicht so in die Augen fallenden Schuppen des *Gymnodactylus scaber* oder gar des *Gymnodactylus Kotschyi*. Unser Exemplar stimmt vollkommen mit der von Boulenger gegebenen Charakteristik überein und gleicht auf den ersten Blick wirklich dem *Gymnodactylus pelagicus* in ganz auffallender Weise, kann mit demselben aber schon wegen der grossen und dabei nicht gekielten Bauchschuppen in keinem Falle verwechselt werden.

### 100. Gymnodactylus pelagicus Girard.

*Gymnodactylus pelagicus* Boulenger. Catal. I, p. 40.

706. Insel Viti.   Museum Godeffroy 1868.

### 101. Gymnodactylus frenatus Günther.

*Gymnodactylus frenatus* Boulenger. Catal. I, p. 42.

3118. Ceylon.   British Museum 1872.

### 102. Gymnodactylus khasiensis Jerdon.

*Gymnodactylus khasiensis* Boulenger. Catal. I, p. 44.

3440. Khasi Hills.   British Museum 1872.
3441. Khasi Hills.   British Museum 1872.
5624. Khasi Hills.   British Museum 1880. (2 Ex.)

### 103. Gymnodactylus marmoratus Kuhl.

*Gymnodactylus marmoratus* Boulenger. Catal. I, p. 44.

4454. Java.         Dr. Winkel* 1876.
4455. Java.         Dr. Winkel* 1876.
1615. Bali.         Dr. Winkel* 1876.
5101. Neu Guinea.   Hr. S. Braconnier 1879.

Ausser in der Färbung und Zeichnung variirt diese Art auch in der Zahl und Stellung der Poren. Bei unserem Exemplar № 4454 finden sich, wie Boulenger als normal angiebt, 13 Praeanalporen in einer tiefen Grube und, von ihnen durch einen beträchtlichen Zwischenraum getrennt, jederseits 9 Femoralporen, bei dem Stücke aus Bali dagegen, welches eine sehr schwach angedeutete Praeanalgrube besitzt, bilden die Anal- und Femoralporen eine ununterbrochene, in der Analgegend winklig geknickte Reihe von im Ganzen 37 Poren, eine Anordnung, welche auch Dr. Steindachner gefunden zu haben angiebt. Dieses letztere Stück (№ 4615), das in der Zeichnung sehr an *Gymnodactylus khasiensis* erinnert, besitzt auf dem Schwanze nicht bloss an der Basis, sondern in der ganzen vorderen Hälfte in gleichen Abständen auf einander folgende Querreihen grösserer, dreieckig zugespitzter Tuberkeln, die anfangs zu 6, dann zu 4 und endlich zu 2 in einer Querreihe stehen.

### 104. Gymnodactylus philippinicus Steindachner.

*Gymnodactylus philippinicus* Boulenger. Catal. I, p. 46.

1107. Insel Poulo Condor.   Hr. A. Boucard 1869.

Unser Exemplar weicht von *Gymnodactylus marmoratus* durch die besonders an den Körperseiten stark conischen Tuberkeln und den Mangel der Schenkelporen ab, besitzt aber die Grube mit Analporen und kann somit nur zu dieser Art gerechnet werden.

### 105. Gymnodactylus pulchellus Gray.

*Gymnodactylus pulchellus* Boulenger. Catal. I, p. 46.

1108. Bengalen.   Hr. A. Boucard 1869.

### 106. Gymnodactylus Miliusii Bory de St. Vinc.

*Gymnodactylus miliusii* Boulenger. Catal. I, p. 48.

| | |
|---|---|
| 708. Melbourne. | Hr. Nichoff 1862. |
| 709. Melbourne. | Hr. Nichoff 1862. |
| 710. Melbourne. | Hr. Nichoff 1862. |
| 711. Melbourne. | Hr. Niehoff 1862. (2 Ex.) |
| 712. Melbourne. | Hr. Niehoff 1862. (2 Ex.) |
| 6072. Süd-Australien. | Hr. G. Schneider 1883. (2 Ex.) |
| 6408. Süd-Australien. | Dr. E. Riebeck* 1885. (2 Ex.) |

### 107. Gymnodactylus platurus White.

*Gymnodactylus platurus* Boulenger. Catal. I, p. 49.

713. New South Wales.   Dr. Paessler 1863.
4270. Australien.   Hr. H. Schilling 1876.

Das grössere unserer beiden Exemplare, № 4270, hat einen reproducirten Schwanz, gehört also zu der Form, welche bisher für eine besondere Art, *Gymnodactylus inermis* Gray, galt.

### 108. Agamura persica A. Duméril.

*Agamura persica* Boulenger. Catal. I, p. 51.

3523. Tschebardé. (Mazanderan.)   Dr. Th. Bienert 1869. (2 Ex.)
3524. Zwischen Sebzar und Lascht.   Graf E. Keyserling 1862. (5 Ex.)

Sämmtliche 7 Exemplare stammen von der unter Chanykow's Leitung ausgeführten Chorassan-Expedition und sind todt im Sande gefunden worden; daher sind sie auch sämmtlich vertrocknet, mit grösstentheils losgelöster Epidermis und obendrauf noch schwanzlos, bis auf 2 Exemplare, bei denen sich dieses ganz eigenthümlich gestaltete Organ erhalten hat.

## Gattung **Alsophylax** Fitzinger.

Nachdem ich den *Bunopus tuberculatus* Blanf. wegen der gekielten und granulirten Hypodactylschilder aus der Gattung *Alsophylax* ausgeschieden und als zu einer selbstständigen Gattung gehörig restituirt habe, sind mir im Ganzen 4 hierhergehörige Arten bekannt, die sich, wie folgt, von einander unterscheiden:

Die Tuberkeln auf der Oberseite des Körpers sind
1) rundlich und einfach gewölbt oder sehr undeutlich gekielt. Der Schwanz ist mit
   *a*) flachen, gleichartigen, einander mehr oder weniger dachziegelförmig deckenden Schuppen bekleidet, die in Ringel angeordnet sind. Die Tuberkeln auf dem Rumpfe
     α) sind ganz regellos zerstreut. Die Unterseite des Schwanzes mit einer Längsreihe breiterer Schilder bekleidet . . . . . . . . . . . . . . . . . . . . . . . 1. *pipiens*.
     β) bilden ganz regelmässige Längs- und Querreihen. Die Unterseite des Schwanzes ebenso beschuppt, wie die obere . . . . . . . . . . . . . . . . . . . . . . . . 2. *Przewalskii*.
   *b*) Ringeln von Dorntuberkeln besetzt . . . . . . . . . . . . . . . 3. *spinicauda*.
2) triedrisch und bilden sehr dichtgestellte und regelmässige Längs- und Querreihen . . . . . . . . . . . . . . . . . . . . . . . . . . . . . . . . . . 4. *loricatus*.

### 109. Alsophylax pipiens Pallas.

*Alsophylax pipiens* Boulenger. Catal. I, p. 19, pl. III, f. 5.

| | | |
|---|---|---|
| 3598. Berg Gross Bogdo (Gouv. Astrachan). | Hr. A. Becker 1872. | (3 Ex.) |
| 3599. Berg Gross Bogdo (Gouv. Astrachan). | Hr. A. Becker 1872. | (6 Ex.) |
| 3600. Berg Gross Bogdo (Gouv. Astrachan). | Hr. A. Becker 1872. | (6 + Ex.) |
| 3683. Fl. Syr-Darja. | Dr. M. Bogdanow* 1873. | (3 Ex.) |
| 5798. Chark-Usjur. | Hr. S. Alpheraky* 1881. | (6 + Ex.) |
| 5799. Chark-Usjur. | Hr. S. Alpheraky* 1881. | (6 + Ex.) |
| 6520. Zwischen Tschankar und Dyressén. | Hr. A. Nikolsky* 1881. | |
| 6562. Oase Ssa-Tschkeû. | Oberst N. M. Przewalsky* 1879. | |
| 6563. Oestliche Tschungarei. | Oberst N. M. Przewalsky* 1879. | |

Der Kopf ziemlich klein und leicht flachgedrückt. Die Schnauze stumpf und etwas länger, als der Durchmesser der Augenhöhle oder die Distanz zwischen dem Hinterrande der Orbita und der Ohröffnung; letztere sehr klein. Der Rumpf ziemlich gestreckt und sehr unbedeutend abgeflacht. Die Extremitäten ziemlich kurz, die vorderen, nach vorn gekehrt und an den Körper angedrückt, überragen die Schnauze kaum, die hinteren, ebenso behandelt, erreichen die Achselhöhle bei Weitem nicht. Die Finger und Zehen lang und schlank. Der Kopf mit grossen, mehr oder weniger convexen Kornschuppen bekleidet, die auf der Schnauze etwas grösser sind, als auf dem Hinterkopfe. Die Interorbitalregion leicht concav. Das Rostrale gross, etwa regulär fünfeckig mit einer Längsfurche, die vom Hinterrande bis zur halben Länge des Schildes reicht. Das Nasenloch zwischen dem Rostrale, dem grossen 1$^{ten}$ Supralabiale und einem sehr grossen Nasale; zuweilen finden sich jedoch auch zwei Nasalia jederseits, in jedem Falle ist aber das Nasale, oder, wenn deren 2 vorhanden sind, das innere Nasale von dem entsprechenden Schildchen der anderen Seite durch eine kleine Schuppe getrennt. Jederseits 7, seltener 8 Supralabialia und 6, seltener 5 Infralabialia, dabei stets die vordersten sehr gross. Das Mentale sehr gross, von trapezoidaler Gestalt, oder richtiger, gleicht einem Dreieck, dessen nach hinten gerichtete Spitze sehr stumpf zugerundet und dessen den freien Mundrand bildende Basis bogenförmig ist. Hinter dem Mentale zwei, seltener 4 etwas grössere Kinnschilder, denen noch mehrere kleinere folgen, die allmählich in die kleinen, flachen, polygonalen Kehlschuppen übergehen. Die Oberseite des Rumpfes und der Extremitäten mit irregulären, sehr schwach convexen, neben einander liegenden Schuppen bekleidet, zwischen denen etwa doppelt so grosse, convexe oder sogar schwach gekielte Tuberkeln ganz regellos zerstreut sind. Die Bauchschuppen sind ziemlich gross, flach, imbricat und bilden in der Mitte des Rumpfes etwa 20 bis 22 Längsreihen. Die Männchen besitzen eine winklig geknickte Reihe von Praeanalporen, deren Zahl zwischen 7 und 11 schwankt. Der Schwanz ist lang, fast drehrund, zugespitzt und mit flachen imbricaten, in Ringel angeordneten Schuppen bekleidet, zeigt aber an der Unterseite stets eine Längsreihe breiter Querschilder, die nur gegen die Basis hin etwas undeutlich werden. Oben sandfarben, mit mehr oder weniger deutlichen, bald ziemlich regelmässigen, bald sehr ausgezackten und unregelmässigen braunen Querbinden auf Rumpf und Schwanz und ebensolchen Flecken auf den Extremitäten. An den Seiten des Kopfes findet sich eine Längsbinde, die etwa am Nasenloch beginnt, durch das Auge geht und sich dann nach innen biegt, um mit der entsprechenden der anderen Seite eine etwa hufeisenförmige Zeichnung auf dem Kopfe zu bilden. Die Labialia sind fast immer dunkler gefleckt oder punctirt, die Unterseite aller Theile einfarbig gelblich weiss. Die Exemplare vom Bogdo sind sämmtlich sehr hell gefärbt, die von den übrigen Fundorten erscheinen dunkler. Unser grösstes Exemplar ist fast 90 Mm. lang.

### 110. Alsophylax Przewalskii n. sp.

5144. Unterer Tarim-Fluss (2500'). Oberst N. M. Przewalsky 1878. (2 Ex.)
6561. Oase Chami. Oberst N. M. Przewalsky 1879.
7016. Oase Tschertschen. Oberst N. M. Przewalsky 1886.
7030. Tschertschen-Darja. Oberst N. M. Przewalsky 1886. (4 Ex.)
7044. Lob-Nor. Oberst N. M. Przewalsky 1886. (4 Ex.)

Diese neue Art ist dem *Alsophylax pipiens* zwar sehr nahe verwandt, unterscheidet sich von ihm aber schon auf den ersten Blick durch die in reguläre Längs- und Querreihen angeordneten Dorsaltuberkeln und durch die Bekleidung der Unterseite des Schwanzes, die nicht, wie bei jenem, aus einer Längsreihe von Querschildern besteht, sondern genau ebenso beschaffen ist, wie die Beschuppung auf der Oberseite.

Der Kopf von mässiger Grösse, ziemlich gewölbt und nach hinten zu etwas verdickt. Die Schnauze stumpf zugerundet, etwa ebenso lang, wie der Abstand zwischen dem Hinterrande der Orbita und der Ohröffnung, mit stumpf zugerundetem Canthus rostralis. Die Ohröffnung sehr klein, bildet eine schräge, von oben und hinten nach unten und vorn gerichtete Spalte, die etwa halb so breit wie hoch ist. Der Rumpf ist ziemlich kurz und nur sehr wenig flachgedrückt; die Extremitäten kurz, die vorderen, nach vorn gekehrt und an den Körper angedrückt, erreichen kaum die Schnauzenspitze und die hinteren, ebenso behandelt, reichen fast bis zu Achselhöhle. Die Zehen schlank, an der Unterseite mit einfachen Querlamellen bekleidet und mit kurzen, schwach gebogenen Krallen versehen. Die ganze Oberseite des Kopfes ist mit rundlichen convexen Kornschuppen bekleidet, die auf der Schnauze am grössten sind und den auf dem Rücken vorhandenen Tuberkeln an Grösse kaum nachstehen; auf dem Hinterkopfe sind die Kornschuppen zwar kleiner, aber immerhin noch fast doppelt so gross, wie die Kornschuppen auf dem Rücken. Das Nasenloch ist sehr klein, liegt nach innen von dem undeutlichen Canthus rostralis zwischen dem Rostrale, dem Supralabiale primum und 2 Nasalen, von denen das innere mit dem der anderen Seite in Berührung steht und fast dreimal so gross ist, wie das äussere. Unmittelbar hinter diesem letzteren liegt auf der Nath zwischen dem 2$^{ten}$ und 3$^{ten}$ Supralabiale noch eine besonders grosse Schuppe, die von dem Vorderrand der Orbita durch 4, in 2 über einander liegende Reihen angeordnete Schuppen getrennt ist. Das Rostrale ist wenig breiter als hoch, hat etwa die Gestalt eines mit der Spitze nach hinten gerichteten sphärischen Dreiecks und zeigt am Hinterrande die gewöhnliche Längsfurche, die etwa bis auf die halbe Länge des Schildes reicht. Jederseits finden sich 8 Supralabialia, von denen die 4 vorderen gross und deutlich viereckig, die 4 hinteren klein, kaum halb so gross, sind und z. Th. wenigstens abgerundete Ecken zeigen. Das Mentale ist gross, ungefähr fünfeckig und dabei etwas breiter und beträchtlich länger als das Rostrale. Jederseits zählt man 7 Infralabialia, von denen die 3 vorderen sehr gross, die 4 hinteren klein, kaum halb so gross, erscheinen und dabei noch successive an Grösse abnehmen. Die Submentalia sind in der Zahl 4 oder 6 vorhanden und liegen in einer bogenförmigen Querreihe neben einander; hinter denselben finden sich noch 2 oder selbst 3 Querreihen grösserer Schuppen, die ganz allmählich in die kleinen flachen, nicht imbricaten Kehlschuppen übergehen. Der Rumpf ist auf der Oberseite mit kleinen, ziemlich convexen, neben einander liegenden Kornschuppen bekleidet, zwischen welchen grosse, convexe, bei Betrachtung durch eine stärkere Lupe dachförmig erhobene (en dos d'âne) Tuberkeln eingestreut sind. Diese Tuberkeln erscheinen in ganz reguläre Längsreihen angeordnet, und zwar finden sich in der Mitte des Rumpfes 12, gegen den Nacken und den

Schwanz hin 8 solcher Reihen; von diesen Längsreihen ist die jederseitige dritte, von der Rückenfirste aus gerechnet, am längsten und setzt sich auch auf das vordere Drittel des Schwanzes fort, wird hier aber allmählich undeutlicher. Zugleich bilden diese Rückentuberkeln auch ziemlich reguläre Querreihen, die etwas schräg angeordnet sind, so dass eine jede solche Querreihe ungefähr einen mit der Spitze gegen den Kopf gerichteten Chevron darstellt. Die Schuppen auf der Oberseite der Extremitäten sind denen des Rückens ganz ähnlich, aber grösser und zwischen ihnen finden sich auf den Schienbeinen vereinzelte, mehr oder weniger deutliche Tuberkeln eingestreut. Die Bauchschuppen sind ziemlich gross, ebenso gross, wie die Rückentuberkeln, dabei flach, glatt und imbricat angeordnet; sie bilden in der Mitte des Bauches 18—20 Längsreihen. Der Schwanz, der ziemlich lang, fast drehrund und conisch zugespitzt ist, erscheint mit ziemlich grossen, subimbricaten Schuppen bekleidet, die in Ringel angeordnet und auf der Oberseite leicht convex, auf der unteren aber flach sind. Die Männchen besitzen 5, seltener 6 Praeanalporen, die in einer Querreihe liegen und bei einzelnen Weibchen andeutungsweise gleichfalls zu existiren scheinen.

Was die Färbung und Zeichnung anbetrifft, so ist die Grundfarbe der Oberseite hell gelblichbraun, also hell sandfarben, die der Unterseite bräunlichweiss. Auf dem jederseitigen Supralabiale primum beginnt eine braune Längsbinde, die durch das Auge, von demselben natürlich unterbrochen, über den oberen Theil der Schläfe auf den Rücken zieht, hier die 3te Tuberkelreihe, von der Rückenfirste aus gerechnet, deckt und sich gewöhnlich auch auf den Schwanz fortsetzt, wo sie entweder sehr bald verschwimmt, oder sich in einzelne Makeln oder selbst Punkte auflöst. Jede dieser beiden Längsbinden ist auf dem Kopfe jederseits schneeweiss eingekantet, und zwar tritt namentlich die innere Kante, die durch eine vom Nasenloch zum Supraorbitalrande ziehende Linie gebildet wird, besonders deutlich hervor und setzt sich auch auf den Rumpf fort, verliert daselbst aber sehr an Intensität und erscheint mehr gelblichweiss; die äussere Kante, die auf den Supralabialschildern liegt, wird bereits hinter dem Auge undeutlich und verschwindet sehr bald ganz. Auf der Oberseite des Schwanzes finden sich, ausser den aus der Auflösung der Dorsalbinde entstehenden dunklen Makeln oder Punktreihen, noch vereinzelte, mehr oder weniger intensive, dunkle Punkte und bei manchen Exemplaren zeigen auch die Rumpfseiten und die Unterseite des Schwanzes ähnliche Punkte in grösserer oder geringerer Anzahl. Die Unterseite des Kopfes, der Extremitäten und der ganze Bauch sind, wie schon bemerkt, bräunlichweiss und einfarbig.

**Maasse.** Totallänge des grössten mir vorliegenden Exemplars ($\female$) — 75 Mm.; Länge des Kopfes 10 Mm., des Rumpfes 23 Mm., des Schwanzes 42 Mm.

Eine detaillirte, von den nöthigen Zeichnungen begleitete Beschreibung dieser Art soll im herpetologischen Theile von General Przewalsky's Reisewerk erscheinen.

### 111. Alsophylax spinicauda n. sp. Fig. 15 u. 16.

4047. Schahrud. Hr. Christoph 1875.

Diese Art, die auf den ersten Blick an dem mit Dorntuberkeln besetzten Schwanze leicht zu erkennen ist, unterscheidet sich von ihren Gattungsgenossen ausserdem noch durch eine völlig abweichende Rückenbeschuppung, die aus so grossen Kornschuppen oder eigentlich Tuberkeln besteht, dass es fast schwer hält, die zwischen denselben zerstreuten wirklichen Tuberkeln herauszufinden.

Der Kopf verhältnissmässig gross, um ein Viertel etwa länger, als an den Mundwinkeln breit, und nur schwach und undeutlich flachgedrückt. Die Schnauze stumpf zugerundet, gewölbt, ohne ausgesprochenen Canthus rostralis und dabei kurz, wenig länger, als der Durchmesser der Orbita oder der Abstand zwischen dem Hinterrande der letzteren und dem Vorderrande des Ohrs. Die Ohröffnung ist klein und stellt ein ovales Loch dar. Der Rumpf von gewöhnlicher Länge, spindelförmig und leicht abgeflacht. Die Extremitäten schlank und verhältnissmässig ziemlich kurz; die vorderen, nach vorn gekehrt und an den Körper angedrückt, erreichen genau die Schnauzenspitze, die hinteren, ebenso behandelt, berühren die Achselhöhle. Die Zehen schlank und an der Unterseite mit einfachen Querlamellen bekleidet, die Krallen fein und wenig gekrümmt. Der Schwanz kurz, kürzer, als Rumpf und Kopf zusammengenommen, undeutlich cyclotetragon und conisch zugespitzt. Die Oberseite des ganzen Kopfes ist mit grossen, schwach gewölbten, polygonalen Tuberkelschuppen bekleidet, die auf der Schnauze nur wenig grösser sind, als auf dem Hinterkopfe, wo zwischen ihnen vereinzelte etwas grössere Tuberkeln auftreten. Das Nasenloch klein, liegt zwischen dem Rostrale, dem Supralabiale primum und zwei Nasalschildern, von denen jedoch das äussere kaum an der Umgrenzung des Nasenlochs Theil nimmt, und das innere von dem gleichnamigen der entgegengesetzten Seite durch 3 neben einander liegende Schuppen getrennt ist. Das Rostrale wenig breiter, als hoch, von trapezoidaler Gestalt und mit der gewöhnlichen Längsfurche am Hinterrande, welche hier über die halbe Länge des Schildes reicht. Jederseits 9 deutliche Supralabialia, von denen die 5 vorderen beträchtlich grösser sind, als die 4 letzten, die successive an Grösse abnehmen und auf diese Weise unmerklich in die den hintersten Theil der Mundspalte begrenzenden kleinen Schuppen übergehen. Das Mentale kaum grösser, als das Rostrale, hat die Gestalt eines gleichschenkligen Dreiecks mit abgestutzter, nach hinten gerichteter Spitze und leicht bogenförmigen Seiten. Jederseits 7 deutliche Infralabialia, die nach hinten zu successive an Grösse abnehmen und gleichfalls allmählich in die kleinen, den hinteren Theil der Mundspalte begrenzenden Schuppen übergehen. Von Submentalschildern finden sich 4 oder 5 Querreihen, von denen diejenigen der vorderen Reihen grösser sind, als die anderen, die ganz allmählich in die gewölbten Kornschuppen der Kehle übergehen. Die Oberseite des Rumpfes ist mit schwach gewölbten, meist rundlichen Tuberkelschuppen bekleidet, die an Grösse den Schnauzenschuppen gleichkommen und nur auf dem Nacken und gegen die Schwanzbasis etwas kleiner werden. Zwischen diesen Schuppen stehen, meist ganz unregelmässig zerstreut, hin und wieder aber auch in irreguläre Längsreihen angeordnet, etwa um die Hälfte grössere runde Tuberkeln, die auch stärker gewölbt sind. Die Oberseite der Extremitäten ist mit stark gewölbten Kornschuppen bekleidet, die an Grösse etwa den Nackenschuppen gleichkommen und zwischen denen auf den Oberschenkeln noch ziemlich zahlreiche grössere Tuberkeln vorkommen. Die Bauchschuppen sind ziemlich flach, an der Brust etwas kleiner, als am eigentlichen Bauche, dabei schwach imbricat angeordnet und stimmen so vollkommen mit den Flankenschuppen überein, dass es unmöglich ist, sie von diesen zu unterscheiden und folglich auch anzugeben, wie viele Längsreihen sie bilden. Die Schuppen an der Unterseite der Extremitäten stimmen sowohl in der Grösse, als auch in der Form vollkommen mit den Brustschuppen überein. Von Poren ist keine Spur vorhanden, doch werden wohl auch hier, wie bei den übrigen Arten dieser Gattung, die Männchen Analporen besitzen. Der Schwanz ist auf der Oberseite sehr deutlich geringelt, und zwar besteht jeder der 13 erkennbaren Ringel aus 4—5 Querreihen von Schuppen, zwischen denen sich stets jederseits 2 grosse conische Dorntuberkeln finden, welche eben dem Schwanze das stachliche Aussehen geben. Auf der Unterseite, wo nur die 8 vordersten Ringel deutlich sind, besteht jeder derselben aus 4 Querreihen ziemlich gewölbter und an Grösse unter einander etwas differirender Schuppen, die schwach über einander greifen; genau ebensolche Schuppen decken auch die hintere Hälfte des Schwanzes, und zwar sowohl auf der unteren, als auch auf der oberen Seite.

Die Grundfarbe ist schmutzig weiss, auf dem Rücken finden sich etwa 7 schmale, nicht scharf begrenzte und dabei mehr oder weniger gewellte Querbinden von dunkler Farbe und auf dem Schwanze sind gleichfalls Spuren von dunklen Querbinden zu erkennen. Die Extremitäten und der Kopf zeigen kleine dunkle Flecken von irregulärer Form und Anordnung und an jeder Seite des Kopfes ist eine gleichfalls schwach ausgeprägte, dunkle Längsbinde vorhanden, die vom Nasenloch zum Auge und von diesem zur Ohröffnung zieht.

**Maasse.** Totallänge des Thieres — 66 Mm.; Länge des Kopfes 12 Mm., des Rumpfes 25 Mm., des Schwanzes 29 Mm.

### 112. Alsophylax loricatus n. sp.

4196. Mohol-tau.   Oberst A. Kuschakewitsch 1870. (2 Ex.)
4197. Mursa-Robat. Oberst A. Kuschakewitsch 1870.

*Alsophylax loricatus* unterscheidet sich von den 3 vorhergehenden Arten durch den Besitz von sehr grossen triedrischen Tuberkeln auf Rücken und Schwanz, die in ganz reguläre Längs- und Querreihen angeordnet sind und dabei so dicht gedrängt stehen, dass dadurch geradezu ein Rückenpanzer, ähnlich dem der Krokodile, entsteht.

Der Kopf ist klein, um ein Viertel etwa länger, als an den Mundwinkeln breit, und sehr deutlich flachgedrückt. Die Schnauze leicht zugespitzt, fast doppelt so lang, wie der

Durchmesser der Orbita, aber nur ebenso lang, wie der Abstand zwischen dem Hinterrande der Augenhöhle und der Ohröffnung. Diese letztere äusserst klein, fast punktförmig, stellt, mit der Lupe betrachtet, eine kurze schräge Spalte dar; das Auge verhältnissmässig klein und, wie bei allen Arten dieser Gattung, mit senkrechter Pupille. Der Rumpf von gewöhnlicher spindelförmiger Gestalt, etwas abgeflacht, die Extremitäten ziemlich kurz, die vorderen, nach vorn gekehrt und an den Körper angedrückt, erreichen kaum die Schwanzenspitze, die hinteren, ebenso behandelt, reichen knapp bis an die Achselhöhle; die Finger verhältnissmässig lang und sehr schlank. Der Schwanz lang, conisch zugespitzt, an der Basis etwas abgeflacht, im weiteren Verlaufe nahezu drehrund. Der Kopf ist auf der Oberseite mit grossen, polygonalen, leicht convexen Schuppen bekleidet, die auf der Schnauze grösser sind, als auf dem Hinterkopfe und an den Schläfen. Das Rostrale fast so breit, wie hoch, fünfeckig, am Hinterrande mit der gewöhnlichen Längsfurche, die hier bis zur halben Schildlänge reicht. Jederseits 7 sehr deutliche Supralabialia, die bis zum Mundwinkel reichen und von denen die 3 vorderen, vor dem Auge liegenden, viereckig und mehr als doppelt so gross sind, wie die 4 hinteren. Das Nasenloch äusserst klein, liegt zwischen dem Rostrale, dem Supralabiale primum und 2 Nasalen, von welchen das innere, das mit dem der andern Seite in Berührung steht, mehr als fünfmal so gross ist, wie das äussere. Zwischen diesem letzteren und dem Vorderrande der Orbita findet sich eine Längsreihe von 3 grossen Schuppen, von denen die vorderste auf der Nath zwischen dem $1^{sten}$ und $2^{ten}$ Supralabiale liegt, während die beiden anderen durch eine Längsreihe kleiner Schuppen von den correspondirenden Supralabialen, dem $2^{ten}$ und $3^{ten}$, getrennt sind. Das Mentale ist gross, fast so breit wie lang und gleicht einem mit der Spitze nach hinten gerichteten sphärischen Dreieck. Jederseits 7 Infralabialia, von denen aber die beiden letzten sehr klein und von den benachbarten Schuppen kaum verschieden sind; von den 5 vorderen sind die 3 ersten sehr gross und differiren unter einander nur sehr wenig an Grösse, während das $4^{te}$ und $5^{te}$ nur etwa halb so gross sind, wie jedes der 3 ersten. Submentalia finden sich im Ganzen 4, von denen die beiden mittleren, an einander grenzenden, fast doppelt so gross sind, wie die äusseren; nach aussen von diesen letzteren stehen noch 3—4 etwas grössere Schuppen, die an die Infralabialia grenzen, sonst ist die ganze übrige Unterseite des Kopfes mit feinen, fast ganz flachen Schuppen bekleidet, die nur in der unmittelbaren Nachbarschaft der Submentalia ein wenig grösser sind, als sonst. Der Rumpf und die Schwanzbasis sind mit sehr feinen Kornschuppen bekleidet, zwischen denen sehr grosse triedrische Tuberkeln stehen. Diese Tuberkeln, die gleich hinter dem Kopfe beginnen, sind im Nacken mehr rundlich und einfach stark convex, auf dem Rücken und der Schwanzbasis dagegen ausgesprochen triedrisch und stehen dabei so dicht gedrängt, dass zwischen je 2 neben einander liegenden nur eine einzige, zwischen je 2 auf einander folgenden auf der Rückenmitte gleichfalls nur eine, seitlich dagegen mehrere Reihen der feinen kornförmigen Grundschuppen Platz haben. Sie bilden auf dem Rücken 12 ganz reguläre Längsreihen, deren Zahl sich auf dem Nacken und auf der Schwanzbasis auf 8 reducirt; zugleich stehen sie aber auch in ganz regulären Querreihen, die in der Weise schräge verlaufen, dass jede Reihe einen mit der Spitze nach vorn gerichteten Chevron darstellt; solcher Querreihen zähle ich c. 25, vom Nacken, wo sie nicht ganz regulär sind, bis zum Hinterrande der Oberschenkel, doch setzen sie sich auch auf den Schwanz fort, gehen aber bald und ganz unmerklich in die Schwanzringel über. Die Extremitäten sind auf der Oberseite mit kleinen polygonalen Schuppen bekleidet, zwischen denen sich auf den hinteren grosse subtriedrische Tuberkeln eingestreut finden, und zwar sowohl auf den Schenkeln, als auch auf den Schienbeinen. Die Bauchschuppen sind ziemlich gross, glatt, imbricat und in der Mitte des Bauches in etwa 20 Längsreihen angeordnet. Ganz ähnliche Schuppen bekleiden auch die Unterseite der Extremitäten und sind an den Vorderbeinen kleiner, als an den Hinterbeinen. Die Männchen haben eine winklig gebogene Querreihe von 9—10 grossen Analporen. Der Schwanz, der auf der Oberseite an der Basis noch Querreihen anfangs triedrischer, später subtriedrischer Tuberkeln zeigt, ist in seiner weiteren Ausdehnung mit Querreihen ziemlich grosser Schuppen bekleidet, zwischen denen in der vorderen Hälfte noch grössere Schuppen, als Reste der triedrischen Tuberkeln, vorkommen; an der Unterseite zeigt er gleichfalls Ringel grosser Schuppen, die leicht imbricat sind und unter denen diejenigen, welche in der mittleren Längsreihe liegen, etwas grösser erscheinen.

Das ganze Thier ist auf der Oberseite sehr hell bräunlichgelb, (im Leben vielleicht hell rosa), auf der Unterseite noch heller, fast weiss. Auf dem Kopfe findet sich in der Zügelgegend eine ganz weisse, jederseits dunkel eingefasste Längsbinde, die vom $1^{ten}$ Supralabiale gegen das Auge zieht und genau auf den 3 vorhin erwähnten grossen Frenalschuppen liegt. Die Labialia, sowohl die oberen, wie die unteren, sind sehr fein schwarz punktirt und ähnliche Punkte finden sich auch auf den meisten Dorsaltuberkeln. Der Rumpf und die Extremitäten sind einfarbig, auf dem Schwanze dagegen treten 3 Längsreihen unregelmässiger, meist verschwommener, bräunlicher Makeln auf, die gegen das Ende desselben sich zu Querbinden vereinigen.

**Maasse.** Totallänge des Thieres — 70 Mm.; Länge des Kopfes 8 Mm., des Rumpfes 21 Mm., des Schwanzes 41 Mm.

Eine Abbildung dieser Art habe ich für den herpetologischen Theil von A. P. Fedtschenko's Reise bereits anfertigen lassen.

### 113. Bunopus Blanfordii n. sp. Fig. 13 u. 14.

2823. Aegypten. Hr. J. Erber 1870. (2 Ex.)

Abgesehen von dem viel schmäleren, gestreckteren Kopfe und den deutlich gekielten Abdominalschuppen unterscheidet sich diese neue Art von der ihr allerdings sehr nahe verwandten *Bunopus tuberculatus* Blanf. noch durch die Beschaffenheit der Dorsalpholidosis. Bei der so eben genannten Art sind nämlich, soweit ich nach der von Blanford gegebenen

Figur urtheilen kann, die Rückentuberkeln, die 14 irreguläre Längsreihen bilden sollen, nicht bloss klein, sondern auch so weit auseinandergerückt, dass die sie trennenden Zwischenräume viel breiter erscheinen, als die Tuberkeln selbst, und dabei sollen, wie Blanford angiebt, nur die auf der Rückenmitte und auf der Schwanzbasis liegenden Tuberkeln triedrisch, die auf dem Nacken und auf den Körperseiten aber einfach convex sein. Bei der neuen Art dagegen sind auch die an den Flanken liegenden Tuberkeln triedrisch und nur im Nacken erscheinen sie einfach convex; ferner sind dieselben in 12 reguläre Längsreihen angeordnet und stehen dabei so dicht gedrängt, dass die sie trennenden Zwischenräume viel schmäler sind, als die Tuberkeln selbst, und nur in einzelnen Fällen höchstens die halbe Breite derselben erreichen. Dadurch erhält das Thier ein auffallend rauhes Aussehen und erinnert in auffallender Weise an *Gymnodactylus scaber*, unter welchem Namen wir auch beide Exemplare von Erber eingesandt worden sind; nach Aussage dieses letztern gehörten sie der Sammlung eines würtembergischen Prinzen an und waren als aus Aegypten stammend bezeichnet.

Der Kopf ist ziemlich gross, langgestreckt, etwas mehr als um die Hälfte länger, wie an den Mundwinkeln breit, und kaum flachgedrückt. Die Schnauze spitz zugerundet, von rechts nach links einfach gewölbt mit kaum angedeutetem Canthus rostralis und dabei um die Hälfte etwa länger, als der Durchmesser der Orbita, und um ein Viertel länger, als der Abstand zwischen dem Hinterrande der Orbita und der Ohröffnung. Diese letztere ist klein, kaum grösser, als die grossen Rumpftuberkeln, und bildet ein senkrecht gestelltes, ovales Loch. Der Rumpf von mässiger Länge und gewöhnlicher Spindelform, dabei deutlich abgeflacht, die Extremitäten schlank, aber ziemlich kurz, denn die vorderen, nach vorn gerichtet und an den Körper angedrückt, erreichen die Schnauzenspitze nicht und die hinteren, ebenso behandelt, berühren den Vorderrand der Schulter. Der Schwanz, der bei beiden Exemplaren leider reproducirt ist, aber nicht viel länger gewesen sein wird, als Kopf und Rumpf zusammengenommen, ist an der Basis cyclotetragon, im weiteren Verlaufe drehrund mit einer leichten Abplattung von oben nach unten. Die Oberseite des Kopfes ist mit leicht convexen, polygonalen Schuppen bekleidet, die auf der Schnauze etwas grösser sind, als auf dem Hinterkopfe und an den Schläfen, an welchen Stellen sich zwischen ihnen etwas grössere und deutlich gekielte Tuberkeln in ziemlicher Anzahl eingestreut finden. Das Rostrale ist nahezu so breit, wie hoch, und zeigt an seinem Hinterrande die gewöhnliche Längsfurche, die hier tief in das Schild eindringt, ja bei dem weiblichen Exemplar sogar bis an den freien Mundrand reicht und das Schild folglich theilt. Jederseits finden sich 9—10 deutliche Supralabialia, von denen das letzte gerade unter dem Auge steht, und hinter welchem der Lippenrand mit kleinen Schuppen bedeckt ist, die in keiner Weise von den Schuppen der benachbarten Theile abweichen. Das Nasenloch ist klein und liegt zwischen dem Rostrale, dem $1^{sten}$ Supralabiale und 3 kleinen Nasalen, von denen das mittlere am grössten und das innere von dem gleichnamigen der anderen Seite durch eine Schuppe getrennt ist. Das Mentale ist kaum breiter, als das Rostrale, aber sehr kurz und hat die Form eines Trapezes. Jederseits von ihm stehen

8—9 Infralabialia, die, ebenso wie die Supralabialia, nach hinten zu an Grösse allmählich abnehmen und gleichfalls nur die beiden vorderen Drittel des Lippenrandes decken, dessen letztes Drittel ebensolche Schuppen zeigt, wie der entsprechende Theil der Oberlippe. Besondere Submentalia fehlen durchaus und die Kehlschuppen beginnen gleich hinter den Infralabialen, in deren unmittelbarer Nähe sie etwas grösser sind, als in der übrigen Ausdehnung. Der Rumpf ist auf der Oberseite mit sehr feinen flachen Schuppen bekleidet, zwischen denen grosse Tuberkeln eingestreut liegen. Diese Tuberkeln, die auf dem Nacken rundlich, mehr oder weniger deutlich gekielt und etwas kleiner sind, als auf dem Rücken, bilden auf letzterem 12 reguläre Längsreihen und sind hier sämmtlich triedrisch; dabei stehen sie so dicht gedrängt, dass die Zwischenräume zwischen ihnen sehr schmal sind und in keinem Falle an Breite der halben Breite der Tuberkeln selbst gleichkommen. Die Bekleidung der Oberseite der Extremitäten stimmt mit derjenigen des Rumpfes überein, d. h. besteht gleichfalls aus feinen flachen Schuppen, zwischen denen grössere, auf den Hinterbeinen triedrische, auf den vorderen dagegen einfach gekielte Tuberkeln zerstreut sind. Die Bauchschuppen sind beträchtlich grösser, als die Grundschuppen des Rückens, decken einander dachziegelförmig und bilden an der breitesten Stelle etwa 20—22 Längsreihen; dabei sind sie zwar schwach, aber sehr deutlich gekielt und auf den seitlichen Bauchschuppen laufen die Kiele sogar in eine feine Spitze aus. Das Männchen besitzt 7 Analporen in einer schwach geknickten Querreihe. Die Bekleidung der Extremitäten an der Unterseite gleicht vollkommen derjenigen des Bauches und die Schuppen an den Unterarmen und Schienbeinen sind gleichfalls ganz deutlich gekielt. Der Schwanz, so weit er nicht reproducirt ist, zeigt reguläre Ringel, von denen jeder aus 4—5 Querreihen von Schuppen besteht und an seinem Hinterrande 6 grosse triedrische, später subtriedrische Tuberkeln trägt; diese Tuberkeln sind auf der Unterseite schwächer entwickelt und nehmen gegen die Schwanzspitze sowohl oben, als auch unten allmählich an Grösse ab. Die reproducirte Spitze ist mit einfachen Schuppenringeln bedeckt.

Was die Färbung und Zeichnung anbetrifft, so ist dieselbe, da die Exemplare augenscheinlich lange in Spiritus gelegen haben, mehr oder weniger alterirt. Die Grundfarbe der Oberseite ist ein sehr helles bräunliches Gelb; auf dem Rücken sieht man ziemlich breite, mehr oder weniger verschwommene, rothbraune Querbinden, die sich auch auf den Schwanz fortsetzen, daselbst in regelmässigen Abständen auf einander folgen und dabei gegen das Schwanzende an Breite so zunehmen, dass sie nahezu doppelt so breit sind, wie die sie trennenden Zwischenräume. Von den grossen Dorsaltuberkeln sind einzelne weiss gefärbt und dieselbe Farbe zeigt auch der Lippenrand. Ueber diesem weissen Lippenrande zieht eine ziemlich breite rothbraune Binde, etwa am Nasenloch beginnend, durch das Auge auf die Schläfe und scheint sich auf dem Hinterkopfe mit der entsprechenden der anderen Seite zu einer etwa hufeisenförmigen Figur zu verbinden, jedoch ist diese Figur nur bei dem grösseren, weiblichen Exemplar einigermaassen deutlich. Die Unterseite ist schmutzig weiss, bis auf den Schwanz, der einen braunen Anflug besitzt.

**Maasse.** Das kleinere unserer beiden Exemplare, ein Männchen, das hier abgebildet und insofern vollständiger ist, als an ihm nur ein kleiner Theil der Schwanzspitze reproducirt erscheint, zeigt folgende Dimensionen: Totallänge des Thieres — 83 Mm.; Länge des Kopfes 14 Mm., des Rumpfes 27 Mm., des Schwanzes 42 Mm.

## Gattung **Ptenodactylus** m.

Von πτηνός, geflügelt und δάκτυλος, Finger.

Finger und Zehen nicht erweitert, mit langen schlanken Krallen versehen, an der Unterseite mit glatten und ganzrandigen, schmalen Querlamellen bekleidet und an beiden Seiten sehr deutlich gefranzt; die pfriemenförmigen Franzen an den Zehen beträchtlich länger, als an den Fingern. Der Körper von gewöhnlicher Spindelform, auf der Oberseite mit Kornschuppen bekleidet, zwischen welchen runde, mehr oder weniger convexe, gewöhnlich undeutlich gekielte, zuweilen sogar subtriedrische, grosse Tuberkeln zerstreut sind; die Unterseite ist mit feinen, dachziegelförmig gelagerten Schuppen bedeckt. Der Schwanz ziemlich lang und dünn, an der Basis leicht abgeflacht, weiterhin fast drehrund. Augenlider circulär, Pupille vertical. Männchen mit Praeanalporen.

Diese neue Gattung steht in der Zehenbildung der Gattung *Ptenopus* am nächsten, besitzt aber den Habitus von *Gymnodactylus* und unterscheidet sich ausserdem noch von *Ptenopus* durch die auch bei stärkerer Vergrösserung glatten Hypodactylschilder und das Vorhandensein von Franzen nicht bloss an den Zehen, sondern auch an den Fingern.

Die Art, auf welche ich die Gattung begründet habe, ist bereits vor mehr als 50 Jahren von Wiegmann kurz charakterisirt, von allen späteren Autoren, mit alleiniger Ausnahme Fitzinger's, aber verkannt worden, weshalb ich hier die Synonymie folgen lasse.

### 114. Ptenodactylus Eversmannii Wiegm.

1823. *Ascalabotes pipiens* Lichtenstein in: Eversmann. Reise von Orenburg nach Buchara, p. 145.
1834. *Gymnodactylus Eversmanni* Wiegmann. Herpetologia mexicana, p. 19, nota 28.
1843. *Stenodactylus Eversmanni* Fitzinger. Systema Reptilium, p. 90.
1856. *Gymnodactylus atropunctatus* Lichtenstein. Nomencl. Reptil. et Amphib. Mus. zool Berol., p. 6.

| | |
|---|---|
| 2392. Am Flusse Irgis. | Dr. A. Lehmann 1842. |
| 2393. Aralo-kaspische Steppe. | Dr. A. Lehmann 1842. |
| 2394. Aralo-kaspische Steppe. | Dr. A. Lehmann 1842. |
| 4326. Am Flusse Karakol. | Dr. N. Sewerzow 1876. |
| 4327. Am Flusse Kuwan-Dsherma. | Dr. N. Sewerzow 1876. |
| 4693. Krasnowodsk. | Akad. C. E. v. Baer 1877. |
| 6496. Samarkand. | Dr. A. Regel 1884. |

Der Kopf ist ziemlich gross, um ein Viertel etwa länger, als in der Ohrgegend breit, halb so hoch, als lang und dabei auf dem Scheitel nicht bloss abgeflacht, sondern sogar mit einer grossen seichten Vertiefung versehen. Die Schnauze so lang, wie der Abstand zwischen dem Hinterrande der Orbita und der Ohröffnung, ziemlich spitz zugerundet und mässig gewölbt, ohne deutlichen Canthus rostralis. Auf der Mitte der Schnauze vor den Augen eine seichte Längsgrube, die sich in geringerer Ausbildung auch auf das Interorbitalspatium fortsetzt, und hinter jedem Nasenloche liegt eine meist sehr tiefe Grube, die flacher werdend, gegen das Auge zieht und folglich die Frenalgegend ausgehöhlt erscheinen lässt. Das Auge mässig gross, sein Durchmesser um die Hälfte kürzer, als die Schnauze. Die Ohröffnung ziemlich gross, bildet eine senkrechte Spalte, die oben spitz zuläuft, unten dagegen abgerundet ist. Der Rumpf von gewöhnlicher Spindelform, schwach, aber deutlich flachgedrückt, die Extremitäten von mässiger Länge, die vorderen, nach vorn gerichtet und an den Körper angedrückt, überragen die Schnauze nur um ein Geringes, und die hinteren, ebenso behandelt, erreichen den Vorderrand der Schulter. Der Schwanz lang, fast doppelt so lang, wie Kopf und Rumpf zusammengenommen, an der Wurzel deutlich abgeflacht, sonst fast drehrund, dünn und conisch zugespitzt. Der Kopf ist auf der Oberseite mit kleinen Kornschuppen bekleidet, die auf der Schnauze grösser und stärker gewölbt sind, als auf dem Hinterkopfe. Das Rostrale, um ein Drittel etwa breiter, als hoch, hat die Gestalt eines regulären Vierecks und besitzt in der Mitte des Hinterrandes die gewöhnliche Längsfurche, welche hier fast zwei Drittel des Schildchens einnimmt. Jederseits 11 deutliche Supralabialschilder, die successive an Grösse abnehmen und von denen die beiden letzten abgerundete Ecken zeigen, während die übrigen deutlich viereckig sind. Das Nasenloch ist klein und liegt zwischen dem Rostrale, dem ersten Supralabiale und 3 Nasalen, von denen das mittlere am grössten und das innere von dem entsprechenden der entgegengesetzten Seite durch 2 Längsreihen von Schuppen getrennt ist. Da gleich hinter diesen 3 Nasalschildern die vorhin erwähnte tiefe Grube liegt, so springen diese Nasalia stark vor und erscheinen wie geschwollen. Das Mentale ist etwa um ein Viertel breiter, als das Rostrale, hat geschweifte Seitenränder und abgerundete Hinterecken, so dass es die Form einer Vase darbietet. Jederseits von demselben stehen 8 deutliche Infralabialia, die nach hinten zu allmählich an Grösse abnehmen. Besondere Submentalia fehlen durchaus und die ganze Unterseite des Kopfes ist mit kleinen polygonalen Schuppen bekleidet, die in der nächsten Nachbarschaft des Mentale und der Infralabialia etwas grösser erscheinen, als sonst. Die Oberseite des Rumpfes zeigt ziemlich convexe Kornschuppen, die in der Grösse etwa mit den Schuppen auf der Schnauze übereinstimmen, und zwischen welchen auf Nacken und Rücken grosse, runde, mehr oder weniger convexe, gewöhnlich undeutlich gekielte, bei einzelnen Exemplaren aber auch subtilentlich Tuberkeln zerstreut sind. Diese Tuberkeln bilden ziemlich reguläre Längsreihen, deren 10—12 vorhanden sind. Die Extremitäten sind auf der Oberseite mit dachziegelförmig gelagerten Schuppen bekleidet, die fast doppelt so gross sind, wie die Bauchschuppen, und nur an der Hinterseite der Oberschenkel durch feinere Kornschuppen ersetzt werden. Die Unterseite des Rumpfes, an welcher jederseits eine sehr undeutliche, gewöhnlich nur hinter der Achselhöhle sichtbare Hautfalte vorhanden ist, wird von sehr kleinen glatten, dachziegelförmig gelagerten Schuppen bekleidet, welche wenig mehr als doppelt so gross sind, wie die feinen Kornschuppen an der Kehle. Die Männchen besitzen eine schwach winklig geknickte Querreihe von 8—11 Analporen, während bei den Weibchen an derselben Stelle nur eine ebensolche Querreihe grösserer, aber durchaus undurchbohrter Schuppen vorhanden ist. Die Unterseite der Extremitäten ist mit flachen imbricaten Schuppen bekleidet, die auf dem Oberschenkel ebenso gross, auf dem Unterschenkel aber doppelt so gross sind, wie die Bauchschuppen. Die Finger und Zehen sind ziemlich schlank und dünn, tragen auf der Oberseite kleine imbricate Schuppen, auf der untern dagegen einfache glatte Querschilder und sind jederseits mit einer Reihe von pfriemenförmigen Franzen versehen, die an den Zehen fast doppelt so lang sind, wie an den Fingern, an welchen letzteren sie überhaupt nur bei Betrachtung von unten deutlich zu sehen sind.

Die Grundfarbe der Oberseite aller Theile ist sehr hell bräunlichgelb, also sandfarben, diejenige der Unterseite beträchtlich heller. Jederseits am Kopfe findet sich eine dunkelbraune Längsbinde, die auf dem Rostrale beginnt, über das Nasenloch gegen das Auge zieht, sich hinter demselben auf den Rumpf fortsetzt und sich kurz vor Beginn der hintern Rumpfhälfte in einzelne Makeln von sehr verschiedener und variabeler Form auflöst. Ferner sind sämmtliche Labialia, sowohl die oberen, als auch die unteren, dunkelbraun gefleckt, und an den oberen fliessen die Flecken sogar zu einer kurzen Längsbinde zusammen, welche den Oberrand der Supralabialia und die an dieselben grenzenden Schuppen der Frenalgegend deckt. Ausser diesen Binden sieht man auf dem Kopfe noch mehr oder weniger zahlreiche und sowohl in der Form, als auch in der Anordnung ganz irreguläre, dunkelbraune Flecken und Punkte, die sich auch auf den Rumpf fortsetzen und in der Vertebralgegend gewöhnlich zu kurzen, ganz irregulären Querbinden, seltener zu 2 mehr oder weniger häufig unterbrochenen Längsbinden zusammenfliessen, während sie seitlich als einzelne Punkte auftreten, die grösstentheils, aber keineswegs immer, mit den grossen Tuberkeln zusammenfallen und folglich in Längsreihen angeordnet sind. Auf dem Schwanze bilden diese Makeln ganz deutliche, wenn auch nicht immer ganz reguläre Querbinden und auf den Extremitäten sind sie so angeordnet, dass sie ein grossmaschiges Netzwerk darstellen, das aber auf den Vorderextremitäten sehr undeutlich ist. Alle diese braunen Zeichnungen, die auf der Unterseite durchaus fehlen, bestehen, unter der Lupe betrachtet, aus sehr feinen schwärzlichen Punkten.

**Maasse.** Das grösste der von mir untersuchten Exemplare gehört dem Moskauer Museum und zeigt folgende Dimensionen: Totallänge 144 Mm., Länge des Kopfes 15 Mm., des Rumpfes 39 Mm., des Schwanzes 90 Mm.

Ausser den 7 Exemplaren der akademischen Sammlung habe ich von dieser Art noch 2 andere untersucht, von denen das eine dem Moskauer Museum gehört und vom verstorbenen A. P. Fedtschenko in der Wüste Kisyl-Kum beim Brunnen Baybeck erbeutet worden ist, während das andere, das in der Sammlung der hiesigen Universität aufbewahrt wird, gleichfalls aus der Wüste Kisyl-Kum stammt, wo Dr. M. N. Bogdanow es bei der Ortschaft Kaike gefangen hat. Das Originalstück in Berlin, das ich wohl gesehen, aber nicht näher untersucht habe, ist von Eversmann bei Agetma gefangen worden.

Eine Abbildung dieser Art habe ich bereits anfertigen lassen und soll dieselbe im herpetologischen Theil von A. P. Fedtschenko's Reise erscheinen.

### 115. Stenodactylus guttatus Cuv.

*Stenodactylus guttatus* Boulenger. Catal. I, p. 17, pl. III, f. 2.

| | | |
|---|---|---|
| 714. Aegypten. | Dr. Clot-Bey* 1842. | |
| 715. Algerien. | Hr. A. Boucard 1869. | |
| 2827. Insel Syra. | Hr. J. Erber 1870. (2 Ex.) | |
| 2828. Aegypten? | Hr. J. Erber 1870. | |
| 2833. Fundort? | Hr. J. Erber 1870. (2 Ex.) | |
| 5240. Libysche Wüste. | Dr. W. Junker* 1878. (2 Ex.) | |
| 5377. Batna. | Hr. Deyrolle 1879. | |

### 116. Stenodactylus Wilkinsonii Gray.

*Stenodactylus wilkinsonii* Boulenger. Catal. I, p. 18, pl. III, f. 3.

5378. Batna. Hr. Deyrolle 1879. (2 Ex.)

Bei beiden Exemplaren, die ich hier unter diesem Namen aufführe, nimmt das Rostralschild keinen Antheil an der Begrenzung des Nasenlochs, sondern ist dadurch, dass das jederseitige innerste Nasalschild sich vor das letztere legt und mit dem ersten Supralabiale in Verbindung steht, vom Nasenloch ausgeschlossen. Dabei sind die Schuppen auf der Oberseite des Kopfes und Rumpfes fast ganz flach, die Extremitäten auffallend lang und auch die Schnauze scheint etwas mehr zugespitzt zu sein, jedoch nur in sehr geringem Grade. Die Anordnung der das Nasenloch umgebenden Schilder stimmt also mit den Angaben Boulenger's vollkommen überein, hat aber freilich auch nicht die geringste Aehnlichkeit mit der von Boulenger gegebenen Abbildung des Kopfes von *Stenodactylus Wilkinsonii*; jedoch hat das nichts zu bedeuten, denn diese Abbildung muss ganz ohne allen Zweifel falsch sein. da sie mit der hier allein maassgebenden Beschreibung in direktem Widerspruche steht. Boulenger sagt ausdrücklich: «Nostril pierced in the centre of a very strong swelling between the first labial and three nasals», auf der Figur dagegen ist das 1-ste Labialschild vom Nasenloch durch ein Nasale getrennt, so dass das Nasenloch genau so gelegen ist, wie bei den Arten der Gattung *Eremias*, d. h. zwischen 3 Nasalschildern. Die Zeichnung ist daher ohne allen Zweifel fehlerhaft und unsere beiden Exemplare aus Algerien werden richtig bestimmt sein. Uebrigens kann ich nicht umhin zu bemerken, dass mir die Differenz in den das Nasenloch umgebenden Schildern keineswegs von grosser Bedentung zu sein scheint, denn an einem *Stenodactylus guttatus* aus Algerien (№ 715) liegt das jederseitige innere Nasalschild ganz ähnlich, wie bei unserem *Stenodactylus Wilkinsonii*, nur zieht es nicht so weit nach vorn und bildet auch mit dem 1-sten Supralabiale keine Sutur, so dass die obere Aussenecke des Rostrale doch noch an das Nasenloch herantritt. Die Hauptmerkmale, durch welche sich *Stenodactylus Wilkinsonii* von dem ihm jedenfalls äusserst nahe verwandten *Stenodactylus guttatus* unterscheidet, bestehen somit in der Beschuppung und in der Länge der Extremitäten; die Beschuppung besteht bei dem ersteren, wie schon bemerkt, aus ganz flachen Schuppen, die bei *Stenodactylus guttatus* im Gegentheil recht stark gewölbt sind, und die Extremitäten, besonders die hinteren, reichen, nach vorn gekehrt und an den Rumpf angedrückt, bei *Stenodactylus Wilkinsonii* weit bis über die Achsel, fast bis an das Ohr, während sie bei *Stenodactylus guttatus*, ebenso behandelt, knapp die Achselhöhle berühren.

### 117. Plenopus garrulus Smith.

*Plenopus garrulus* Boulenger. Catal. I, p. 15, pl. II, f. 2.

6911. Süd-Afrika. British Museum 1886.

Ueber die Bekleidung der Unterseite an den Fingern und Zehen bei dieser Art existiren einander widersprechende Angaben, indem Gray[1] behauptet, dass dieselbe an den Fingern aus einfachen glatten, aber convexen Querlamellen, an den Zehen dagegen aus 3—4 Reihen von gekielten Schuppen besteht, während Cope[2] und Boulenger angeben, dass sowohl an den Fingern, als auch an den Zehen nur einfache und glatte Querlamellen vorhanden sind. Nach genauer Untersuchung des mir vom British Museum freundlichst überlassenen jungen Exemplars habe ich gefunden, dass sowohl an den Fingern, als auch an den Zehen, wie Cope und Boulenger ganz richtig angeben, Querlamellen vorhanden sind, dass aber diese Querlamellen an den Zehen, und in geringerem Grade auch an den Fingern, in ähnlicher Weise, wie bei den Arten der Gattung *Bunopus*, mit vorspringenden Tuberkeln besetzt sind, nur treten diese Tuberkeln erst bei starker Vergrösserung deutlich zu Tage, bei Betrachtung durch eine gewöhnliche Lupe lassen sich nur so leise Spuren derselben wahrnehmen, dass man die Querlamellen einfach für glatt erklären kann.

### 118. Teratoscincus Keyserlingii Strauch.

*Teratoscincus scincus* Boulenger. Catal. I, p. 12, pl. II, f. 3.

2395. Seri-Tschah (Kirman).   Graf E. Keyserling 1862.
2396. Seri-Tschah (Kirman).   Graf E. Keyserling 1862.

---

1) Proc. Zool. Soc. of London 1865, p. 640.   |   2) Proc. Acad. Philadelph. 1868, p. 321.

2397. Tschebardé (Mazanderan).    Graf E. Keyserling* 1862.
2398. Fluss Ili.                  Dr. A. v. Schrenck* 1844.
2399. Wüste Kisyl-Kum.            Dr. A. Lehmann 1841.
2400. Akmetsched.                 Dr. N. Sewerzow 1865.
4331. Fluss Kuwan-Dshermá.        Dr. N. Sewerzow 1876.
6480. Samarkand.                  Dr. A. Regel 1884.

Der Kopf, dessen Höhe etwa zwei Dritteln seiner Breite in der Ohrgegend gleichkommt, ist gross, dick, auf dem Scheitel abgeflacht und etwa um ein Drittel länger, als in der Ohrgegend breit. Die Schnauze ziemlich stumpf zugerundet, übertrifft den Durchmesser der Orbita etwa um die Hälfte an Länge und ist um ein Drittel etwa länger, als der Abstand zwischen dem Hinterrande der Orbita und der Ohröffnung, dabei erscheint sie gewölbt, ohne deutlichen Canthus rostralis. Das Auge gross, die Pupille senkrecht, suboval und gleichfalls gross. Das obere Augenlid bildet einen abgerundeten, am freien Rande leicht crenulirten Lappen, das untere fehlt ganz. Die Ohröffnung gross, fast halb so gross, wie der Bulbus, bildet eine schräge, aber doch fast horizontal gestellte, breite Spalte. Der Rumpf spindelförmig, deutlich abgeflacht, die Extremitäten kurz und kräftig, die vorderen, nach vorn gerichtet und an den Körper angedrückt, erreichen das Nasenloch nicht, und die hinteren, ebenso behandelt, berühren den Ellenbogen der nach hinten gerichteten Vorderextremitäten. Die Zehen kurz und ziemlich dick, der Schwanz ziemlich kurz und dick, conisch zugespitzt, an der Basis kaum merklich abgeflacht, an der Spitze dagegen sogar leicht comprimirt. Der Kopf ist auf der Oberseite mit ziemlich feinen Kornschuppen bekleidet, die auf der Schnauze etwas grösser sind, als auf dem Hinterkopfe und an den Schläfen. Das Rostrale, um die Hälfte etwa breiter, als hoch, hat die Form eines Parallelogramms und besitzt am Hinterrande die gewöhnliche Längsfurche, die hier aber kurz ist und kaum bis zur halben Schildlänge reicht. Jederseits finden sich 10—13 Supralabialia, die viereckig sind und nach hinten zu allmählich an Grösse abnehmen. Das Nasenloch liegt zwischen dem Rostrale und 3 besonderen Nasalen, von denen das mittlere am kleinsten ist; das innerste steht mit dem gleichnamigen Schilde der anderen Seite in direkter Berührung und das äusserste besitzt an seinem unteren Theile einen kurzen Fortsatz, der mit dem Rostrale in Berührung steht, sich folglich zwischen das Nasenloch und das Supralabiale primum legt und letzteres von dem Nasenloche scheidet. Das Mentale ist um ein Geringes breiter und etwa um die Häfte länger, als das Rostrale, und besitzt abgerundete Hinterecken. Jederseits neben demselben stehen 10—13 Infralabialia, die ebenfalls viereckig sind und nach hinten zu an Grösse allmählich abnehmen. Von Submentalen finde ich nur 2 kleine rundliche Schildchen, von denen jedes den Winkel zwischen dem weit nach hinten vorragenden Mentale und dem beträchtlich kürzeren Infralabiale primum ausfüllt und nach aussen noch einige wenige, kleine, schuppenähnliche Schildchen neben sich hat, die direkt an die Infralabialia grenzen. Die übrige Unterseite des Kopfes ist mit kleinen unregelmässigen, ziemlich convexen und dabei unter einander an Grösse mehr oder weniger differirenden Schuppen bedeckt. Der Rumpf ist rundherum mit grossen, glatten, einander dachziegelförmig deckenden Cycloid-Schuppen bekleidet, die an der Unterseite etwa um ein Viertel grösser sind, als auf der Oberseite, und an der breitesten Stelle des Körpers 29—31 Längsreihen bilden. Auf der Unterseite beginnen diese Cycloid-Schuppen gleich hinter dem Kopfe, und zwar sind sie anfänglich klein und werden successive grösser, so dass sie keineswegs scharf von den Kehlschuppen geschieden sind, sondern ganz allmählich in dieselben übergehen. Auf der Oberseite dagegen, wo die Cycloid-Schuppen auf dem Occiput beginnen, sind sie zwar kleiner, als auf dem Rücken, aber doch sehr scharf von den feinen Kornschuppen des Hinterkopfes geschieden. Da die Seiten des Halses, vom Ohr bis zur Achselhöhle mit ebensolchen Kornschuppen bekleidet sind, wie der Hinterkopf, so nehmen die Cycloid-Schuppen auf dem Nacken nur einen verhältnissmässig schmalen dreieckigen Raum ein, bilden also, so zu sagen, eine Schnibbe, deren Spitze auf dem Occiput liegt. Die Extremitäten sind mit ganz ähnlichen imbricaten Cycloid-Schuppen bekleidet, wie der Rumpf, nur sind dieselben etwas kleiner und werden an der Hinterseite der Oberschenkel, an den Weichen und an der Innenseite der Oberarme durch mehr oder weniger feine Kornschuppen ersetzt. Auf der Oberseite der Finger und Zehen finden sich gleichfalls imbricate Schuppen, während die Unterseite dieser Theile äusserst fein granulirt erscheint; dabei sind sowohl Finger, als auch Zehen beiderseits mit je einer Reihe ziemlich langer pfriemenförmiger Franzen besetzt. Der Schwanz ist rundherum mit imbricaten Schuppen bekleidet, trägt aber auf der Oberseite seiner 2 letzten Drittel eine Reihe grosser, halbmondförmiger, an Kuppennägel erinnernder, einander dachziegelförmig deckender, glatter Schilder, deren Zahl zwischen 10 und 14 schwankt und die gegen die Schwanzspitze hin natürlich successive an Grösse abnehmen.

Die Grundfarbe der Oberseite aller Theile ist schmutzig weiss (im Leben vielleicht rosenroth d. h. fleischfarben), die der Unterseite reiner weiss. Der Kopf zeigt oben mehr oder weniger deutliche, durchaus unregelmässige und oft zusammenfliessende braune oder selbst schwärzliche Makeln und Binden, die bei stärkerer Ausbildung, namentlich bei halbwüchsigen Exemplaren, geradezu ein Netzwerk bilden. Der Rumpf ist gleichfalls mit dunkeln Zeichnungen geziert, die aber höchst unregelmässig erscheinen und bei den Jungen deutliche Querbinden darstellen, während sie bei älteren Stücken überhaupt undeutlicher sind und bald gleichfalls Querbinden darstellen, bald jedoch auch zu häufig unterbrochenen Längsbinden angeordnet sind. Die Extremitäten sind ebenso, wie die Unterseite, einfarbig, der Schwanz dagegen zeigt bei den Jungen auf der Oberseite 3 breite braune Querbinden, von denen die vorderste stets auf dem ersten der grossen halbmondförmigen Schilder steht, während die beiden andern sowohl von der ersten, als auch von einander durch gleiche Zwischenräume getrennt sind, aber doch keine ganz constante Lage haben; so findet sich die letzte bei dem Exemplar № 2396 auf dem letzten, bei dem Exemplar № 2397 dagegen auf dem viertletzten halbmondförmigen Schilde. Bei den ausgewachsenen Stücken ist von diesen Binden keine Spur wahrzunehmen und der Schwanz erscheint bei ihnen sowohl oben, als auch unten durchaus einfarbig.

Maasse: Totallänge des Thieres — 158 Mm.; Länge des Kopfes 29 Mm., des Rumpfes 73 Mm., des Schwanzes 56 Mm.

Eine Abbildung dieser Art, deren Namen Hr. Boulenger ohne hinreichenden Grund in *Teratoscincus scincus* Schleg. abgeändert hat, wird im herpetologischen Theil von A. P. Fedtschenko's Reise erscheinen.

## 119. Teratoscincus Przewalskii n. sp.

6564. Oase Chami.       Oberst N. M. Przewalsky 1879.
6565. Oase Chami.       Oberst N. M. Przewalsky 1879.
7037. Oase Tcharchalyk. General N. M. Przewalsky 1886.
7053. Oase Nija (4300'). General N. M. Przewalsky 1886.

Diese neue Art stimmt in allen wesentlichen Punkten mit *Teratoscincus Keyserlingii* überein und unterscheidet sich von dem letzteren durch folgende Merkmale: 1) Die Rückenschuppen sind viel kleiner, als die Bauchschuppen, denn sie kommen an Grösse höchstens einem Drittel der letzteren gleich, während bei der vorigen Art die Rückenschuppen höchstens um ein Viertel kleiner sind, als die Bauchschuppen. In Folge der Kleinheit der Rückenschuppen ist denn auch die Zahl der Längsreihen, in welche die Cycloid-Schuppen angeordnet sind, bei dieser Art grösser, als bei der vorigen, denn während bei letzterer, wie schon bemerkt, in einer Querreihe rund um den Körper 29—34 Schuppen neben einander liegen, finden sich bei dieser 37 — 39 solcher Schuppen. 2) Die imbricaten Cycloid-Schuppen des Rumpfes reichen bei dieser Art nur bis zur Höhe des vordern Schulterrandes, während sie sich bei der vorigen über den Nacken bis zum Hinterhaupte hinziehen. In Folge dessen ist bei *Teratoscincus Przewalskii* der ganze Nacken ebenso mit feinen Kornschuppen bekleidet, wie der Hinterkopf und die Halsseiten, und die in der Schulterhöhe beginnenden Cycloid-Schuppen erscheinen auch keineswegs so scharf von den Kornschuppen des Nackens abgegrenzt, sondern gehen fast unmerklich in dieselben über. 3) Endlich ist auch die Zeichnung etwas abweichend, indem bei dieser Art auf dem Rumpfe 6 deutliche breite, mit der Spitze nach hinten gerichtete Chevrons von etwas dunklerer, zuweilen schwärzlicher Farbe vorhanden sind, denen auf der Schwanzbasis noch 2 weitere ähnliche folgen. Ausser diesen Chevrons finden sich an den Flanken vereinzelte rundliche Flecken von tiefschwarzer Farbe und auf dem Hinterhaupte sieht man eine mehr oder weniger stark ausgesprochene, hellere Querbinde, welche von einer Ohröffnung zur anderen zieht und einen flachen, mit der Convexität nach hinten gerichteten Bogen bildet; diese Binde tritt übrigens nur bei jüngeren Exemplaren deutlicher vor, bei älteren ist sie kaum wahrzunehmen. Der Kopf, der an den Labialschildern einige vereinzelte dunkle Makeln zeigt, ist bei 3 Exemplaren ungefleckt, während er bei dem vierten, dem grössten (№ 7037), mit einigen ganz irregulär geformten und gestellten, schwarzen Makeln geziert ist.

Maasse. Totallänge des Thieres — 133 Mm.; Länge des Kopfes 23 Mm., des Rumpfes 60 Mm., des Schwanzes 50 Mm.

Eine ausführliche, von den nöthigen Abbildungen begleitete Beschreibung dieser neuen Art werde ich in General Przewalsky's Reisewerk geben, möchte hier aber noch einer merkwürdigen Beobachtung kurz gedenken, welche Przewalsky's Reisebegleiter Herr Lieutenant W. J. Roborowsky gemacht und mir mitgetheilt hat. Nach Herrn Roborowsky giebt diese Art einen Ton von sich, der an das Zirpen der Heuschrecken erinnert, und zwar bringt das Thier diesen Ton mit dem Schwanze hervor, wahrscheinlich durch Aneinanderreiben der grossen halbmondförmigen Schilder. Da sogar der abgebrochene Schwanz diesen Ton wenigstens durch einige Augenblicke hindurch noch hervorbringt, so kann über die Quelle desselben gar kein Zweifel aufkommen. Sicherlich dient dem Thiere diese Fähigkeit dazu, um Heuschrecken und andere Insecten, von denen es sich nährt, herbeizulocken.

### 120. Chondrodactylus angulifer Peters.

*Chondrodactylus angulifer* Boulenger. Catal. I, p. 11, pl. II, f. 5.

2632. Oorlogsrivier in Süd-Afrika. Berliner Museum 1870.

### 121. Eublepharis macularius Blyth.

*Eublepharis macularius* Boulenger. Catal. I, p. 232.

3451. Ost-Indien. British Museum 1872.

### 122. Coleonyx elegans Gray.

*Coleonyx elegans* Boulenger. Catal. I, p. 235.

1109. Centro-Amerika. Hr. A. Boucard 1869.

# INHALTSVERZEICHNISS.

|  | SEITE |
|---|---|
| Einleitung | 1 |
| Dichotomische Tabelle zur Bestimmung der Geckoniden-Gattungen | 14 |
| Verzeichniss der im zoologischen Museum der Kaiserlichen Akademie der Wissenschaften aufgestellten Geckoniden | 17 |
| 1. Thecadactylus rapicauda Houtt. | 17 |
| 2. Phelsuma Cepedianum Merr. | 17 |
| 3. » Guentheri Blg. | 17 |
| 4. » madagascariense Gray | 18 |
| 5. » laticauda Bttg. | 18 |
| 6. » lineatum Gray | 18 |
| 7. Pachydactylus Bibronii Smith | 18 |
| 8. » capensis Smith | 19 |
| 9. » ocellatus Oppel | 19 |
| 10. » maculatus Smith | 19 |
| 11. Tarentola facetana Aldrov. | 21 |
| 12. » neglecta n. sp. | 21 |
| 13. » angusticeps n. sp. | 22 |
| 14. » Delalandii D. et B. | 23 |
| 15. » aegyptiaca Cuv. | 24 |
| 16. Aeluronyx seychellensis D. et B. | 25 |
| 17. Ptychozoon homalocephalum Crev. | 25 |
| 18. Gecko verticillatus Laur. | 25 |
| 19. » vittatus Houtt. | 25 |
| 20. » bivittatus D. et B. | 26 |
| 21. » monarchus Schlg. | 26 |
| 22. » japonicus D. et B. | 26 |
| 23. Rhacodactylus auriculatus Bavay | 27 |
| 24. » ciliatus Guich. | 27 |
| 25. Hoplodactylus maculatus Blg. | 27 |
| 26. » anamallensis Gnthr. | 27 |
| 27. Lepidodactylus aurantiacus Bedd. | 27 |
| 28. » lugubris D. et B. | 27 |

|  | SEITE |
|---|---|
| 29. Lepidodactylus cyclurus Gnthr. | 28 |
| 30. Lygodactylus capensis Smith | 28 |
| 31. » picturatus Ptrs. | 28 |
| 32. Peripia mutilata Wiegm. | 28 |
| 33. » variegata D. et B. | 28 |
| 34. Gehyra oceanica Lesson | 29 |
| 35. » vorax Girard | 29 |
| 36. » Fischeri n. sp. | 29 |
| 37. Hemidactylus frenatus D. et B. | 31 |
| 38. » mabouia Moreau | 31 |
| 39. » fasciatus Gray | 31 |
| 40. » Bocagii Blg. | 31 |
| 41. » turcicus L. | 32 |
| 42. » Brookii Gray | 32 |
| 43. » Gleadowii Murray | 32 |
| 44. » maculatus Gray | 32 |
| 45. » triedrus Daud. | 33 |
| 46. » depressus Gray | 33 |
| 47. » Leschenaultii D. et B. | 33 |
| 48. » Coctaei D. et B. | 33 |
| 49. » flavoviridis Rnepp. | 33 |
| 50. » Bowringii Gray | 34 |
| 51. » Garnotii D. et B. | 34 |
| 52. » platyurus Schneid. | 34 |
| 53. Ptyodactylus gecko Hasselq. | 35 |
| 54. Uroplatus fimbriatus Schneid. | 35 |
| 55. Sphaerodactylus elegans R. et L. | 35 |
| 56. » punctatissimus D. et B. | 35 |
| 57. » glaucus Cope | 35 |
| 58. » torquatus n. sp. | 35 |
| 59. » Copei Steind. | 37 |
| 60. » anthracinus Cope | 37 |
| 61. Phyllodactylus tuberculosus Wiegm. | 38 |
| 62. » pulcher Gray | 38 |

| | | SEITE | | | | SEITE |
|---|---|---|---|---|---|---|
| 63. Phyllodactylus | galapagensis Ptrs. | 38 | 93. Gymnodactylus | Fedtschenkoi n. sp. | | 46 |
| 64. | " pictus Ptrs. | 39 | 94. | " scaber Ruepp. | | 47 |
| 65. | " porphyreus D. et B. | 39 | 95. | " Kotschyi Steind. | | 47 |
| 66. | " marmoratus Gray. | 39 | 96. | " Danilewskii n. sp. | | 48 |
| 67. | " affinis Blg. | 39 | 97. | " Russowii n. sp. | | 49 |
| 68. | " europaeus Géné | 39 | 98. | " mauritanicus D. et B. | | 51 |
| 69. Diplodactylus spinigerus Gray | | 40 | 99. | " geckoides Spix. | | 51 |
| 70. | " strophurus D. et B. | 40 | 100. | " pelagicus Girard. | | 52 |
| 71. | " vittatus Gray | 40 | 101. | " frenatus Gnthr. | | 52 |
| 72. | " polyophthalmus Gnthr. | 40 | 102. | " khasiensis Jerd. | | 52 |
| 73. Oedura marmorata Gray. | | 40 | 103. | " marmoratus Kuhl. | | 52 |
| 74. | " Tryoni De Vis. | 40 | 104. | " philippinicus Steind. | | 53 |
| 75. | " robusta Blg. | 41 | 105. | " pulchellus Gray | | 53 |
| 76. | " Lesueurii D. et B. | 41 | 106. | " Miliusii Bory de St. Vinc. | | 53 |
| 77. Heteronota Derbyana Gray. | | 41 | 107. | " platurus White | | 53 |
| 78. Cnemaspis Boulengerti n. sp. | | 42 | 108. Agamura persica A. Dum. | | | 53 |
| 79. Gonatodes albogularis D. et B. | | 43 | 109. Alsophylax pipiens Pall. | | | 54 |
| 80. | " candiscutatus Gnthr. | 43 | 110. | » Przewalskii n. sp. | | 55 |
| 81. | " humeralis Guich. | 44 | 111. | " spinicauda n. sp. | | 58 |
| 82. | " indicus Gray | 44 | 112. | " loricatus n. sp. | | 59 |
| 83. | " wynadensis Bedd. | 44 | 113. Bunopus Blanfordii n. sp. | | | 61 |
| 84. | " ornatus Bedd. | 44 | 114. Ptenodactylus Eversmannii Wiegm. | | | 64 |
| 85. | " marmoratus Bedd. | 44 | 115. Stenodactylus guttatus Cuv. | | | 67 |
| 86. | " kandianus Kelaart. | 44 | 116. | " Wilkinsonii Gray | | 67 |
| 87. | " gracilis Bedd. | 44 | 117. Ptenopus garrulus Smith | | | 68 |
| 88. | " Jerdonii Theob. | 45 | 118. Teratoscincus Keyserlingii Str. | | | 68 |
| 89. | " littoralis Jerd. | 45 | 119. | " Przewalskii n. sp. | | 71 |
| 90. Pristurus flavipunctatus Ruepp. | | 45 | 120. Chondrodactylus angulifer Ptrs. | | | 72 |
| 91. | » rupestris Blanf. | 45 | 121. Eublepharis macularius Blyth. | | | 72 |
| 92. Gymnodactylus caspius Eichw. | | 45 | 122. Coleonyx elegans Gray | | | 72 |

### Erklärung der Tafel.

Fig. 1. 2. Tarentola angusticeps n. sp.
" 3. 4. " neglecta n. sp.
" 5. 6. Gehyra Fischeri n. sp.
" 7. 8. 9. Cnemaspis Boulengerii n. sp.
" 10. 11. 12. Gymnodactylus Russowii n. sp.
" 13. 14. Bunopus Blanfordii n. sp.
" 15. 16. Alsophylax spinicauda n. sp.

### Berichtigung.

Auf p. 7 muss es statt Aeluroscalabotes überall Aeluroscalabotes heissen.